《大瀛海道院记》元明两碑考读

王庆祥 著

宁波出版社
NINGBO PUBLISHING HOUSE

图书在版编目（CIP）数据

《大瀛海道院记》元明两碑考读/王庆祥著.—宁波：宁波出版社.2018.12

ISBN 978-7-5526-3125-8

Ⅰ.①大… Ⅱ.①王… Ⅲ.①碑文—研究—中国—元代Ⅳ.①K877.424

中国版本图书馆CIP数据核字(2017)第311773号

《大瀛海道院记》元明两碑考读

王庆祥 著

出版发行　宁波出版社（宁波市甬江大道1号宁波书城8号楼6楼315040）
网　　址　http://www.nbcbs.com
责任编辑　俞　琦
责任校对　邓　宇　李　强
装帧设计　金宇斋
印　　刷　宁波白云印刷有限公司
开　　本　889毫米×1194毫米 1/16
印　　张　19
字　　数　200千
版　　次　2018年12月第1版
印　　次　2018年12月第1次
标准书号　ISBN 978-7-5526-3125-8
定　　价　68.00元

大瀛海道院遗址
位置图
1：490 000
宁波市
舟山市
东钱湖
瞻岐镇
北仑区
佛渡岛
鄞州区
甬台温复线高速
S19
S215
塘溪镇
港
野龙山岛
普陀区
象山港大桥
屿岙
裘村镇
山
贤庠镇
东屿山岛
梅散列岛
奉化区
黄避岙
涂茨镇
乱礁洋
磨盘洋
道人山岛
大徐镇
西沪港
大平岗岛
象
S311
象山
丹东街道
爵溪街道
大
韭山列岛
西周镇
缘溪
丹西街道
大瀛海道院遗址
官船岙岛
墙头镇
清风寨
南韭山岛
大佳何镇
棋盘山
松兰山海滨度假区
韭山列岛
宁
东搬山
目
茅洋
东陈
大漠山岛
泗洲头镇
上积谷山岛
蟹钳港
旦门山岛
洋
海
S215
新桥镇
力洋镇
白岩山
象山影视城
S19
长街镇
S216
县
中国渔村
铜头岛
定塘镇
半招列岛
胡陈港水库
石浦镇
晓塘
对面山岛
白礁水道
浦港
檀头山岛
三
鹤浦镇
台州市
石
大片山
蛇蟠
南田岛
田湾岛
高塘岛
高塘岛
南田岛
门
花岙山岛
南田湾
金七门
图例
县级行政中心
乡（镇、街道）驻地
村庄
设区市界
县（市、区）界
河流、湖泊、水库
铁路客运专线
高速及编号
在建高速
高速服务区及互通
省道及编号
县乡道
国家级海洋自然保护区
省级森林公园
其他著名景区（点）
山峰
门
南山岛
县
湾
北渔山岛
渔山列岛
南渔山岛
临海市
台州市
宁波市
地图审核：浙S（2017）281号

《大瀛海道院记》元刻原碑

（存世残碑照片）

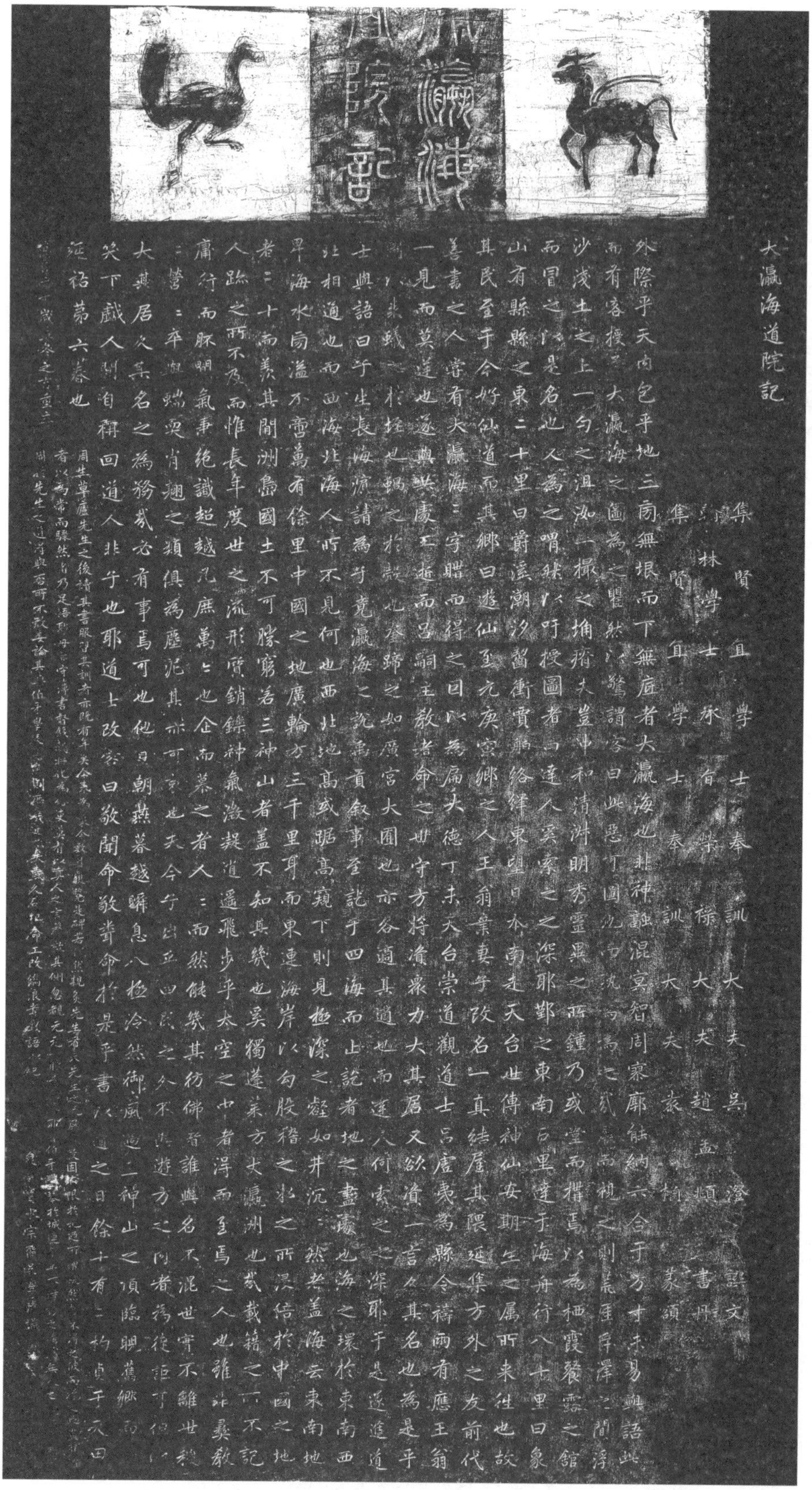

《大瀛海道院记》明重刻碑（传世碑拓影印）

目录

目录

序

在象山县历史文化遗产中，元至治二年（1322）二月十九日建立的爵溪《大瀛海道院记》碑，是一件十分罕见的珍宝。碑记的撰者是元代著名学者吴澄，碑文的书者是元代著名书画巨匠赵孟頫，篆额者则是元代另一位著名学者袁桷。这样，《大瀛海道院记》元刻原碑，实际上是集三位名家手笔于一体的『一代名碑』。更加令人称绝的是，到了明万历三十四年（1606），吴澄的『宝水宗裔』吴学周接任象山知县数月，见此碑『岁久石圮』，于是『命工改镌』，这样又产生了明代重刻的《大瀛海道院记》碑。正如本书作者王庆祥先生在《前言》中所说：『一记两碑，构成了象山历史上文化前后传承的一则佳话。』

由于《大瀛海道院记》元刻原碑是『一代名碑』，因此清代官修的《续通志》、钱大昕的《潜研堂金石文目》等都收录此碑碑目。江苏著名学者缪荃孙以及象山著名学者陈汉章等都收藏过此碑拓本。这些拓本，现在分别由北京大学图书馆、浙江图书馆珍藏。在象山县恐怕很难找到在全国具有如此影响的历史文物了吧！

遗憾的是，作为象山县珍宝的《大瀛海道院记》元明两碑，并没有受到学术界的足够重视，普通百姓对其了解更少。因此，庆祥先生的这部《〈大瀛海道院记〉元明两碑考读》，不仅弥补了学术界的一大遗憾，而且还向社会介绍了象山丰富的历史文化。为了撰写本书，庆祥先生历经数年，不辞辛苦，下爵溪，上杭州，多方查找资料，钩沉索隐，追古论今。本书既是他个人的研究心得，同时也是关于《大瀛海道院记》元明两碑的资料汇编，为其他研究者提供了极大的方便。庆祥先生说：「一记两碑，构成了象山历史上文化前后传承的一则佳话。」而这部著作，则可以说是「佳话」的再续。这也充分体现了先生对象山历史文化的传承心志。象山的历史文化，就是在这样的「佳话」中得以延续的。

庆祥先生在这部著作中，不仅查考了爵溪大瀛海道院的前世今生，清晰地勾画出这座滨海道院的完整历程，而且还辑录了象山历代道教的诸多故事。道院有兴衰，道教有起落。因此，从某种意义上来说，这也是一部象山道教史。而这些，又都是围绕《大瀛海道院记》元明两碑展开的。这两方古碑，承载着象山多少代人的历史情感，浓缩着象山历史上的诸多动人往事。尤其是元刻原碑的传奇命运，由于后来被搪封在墙内，在「文革」初期逃过了一劫，至今还能悄然而立。而明重刻碑却在这场浩劫中彻底被毁。这是象山历史文化之痛。但愿在这方土地上不再发生这样的劫难！

这部著作的读者，虽然不一定是金石专家或者金石爱好者，也不一定都能够领悟吴澄的理学思辨、赵孟頫的书法神韵、袁桷的篆书风格。但是，每一位有良知的读者都应当从中意识到自己要有保护历史文物、传承历史文化的责任和担当。

是为序。

浙江大学博士生导师　宁波大学教授　龚缨晏　2018年3月

前言

《大瀛海道院记》，由宋元之际著名学者吴澄于元延祐六年（1319）为象山县爵溪大瀛海道院所撰。『元明两碑』系依据此记，于元至治二年（1322）由道院住持道士吕虚夷筹划刻立的『元刻原碑』和明万历三十四年（1606）由象山知县吴学周『命工改镌』重立的『明重刻碑』。一记两碑，构成了象山历史上文化前后传承的一则佳话。其因何在？两碑的刻立背景、经世历程、碑版书迹以及旧传文本、碑文义理和社会价值等等，乃是本书所要查考与解读的主题。

元延祐六年（1319）春，大瀛海道院住持道士吕虚夷通过友人探得时为集贤直学士（从三品）、奉议大夫（文散阶正五品）吴澄的行踪，遂派遣门徒郑守仁前往建康（今江苏南京）江东书院，请得在那里的吴澄撰得《大瀛海道院记》一文。吕道士以为此记不仅记述了道院的由来与现状，而且还在说海论道中对道士提出了告诫与期望，决定刻石立碑，以昭示道众。于是，他在后来两年多时间里，请得『以书名天下』的时在湖州家居的翰林学士承旨（从一品）、荣禄大夫（文散阶从一品）、知制诰同修国史赵孟頫书写成碑文；又请得篆书『熔晋唐诸家而自成一体』的时在鄞县家居的集贤直学士（从三品）、奉议大夫（文散阶正五品）袁桷题写了碑额。经延工选石、镌刻成碑，并于元至治二年

（1322）二月十九日（阳历3月7日）嵌砌于道院前殿（玄武殿）左墙内。此即《大瀛海道院记》元刻原碑。

建碑后仅四月余，赵孟頫即因病而逝，朝廷追封其为『魏国公』，谥『文敏』。元刻原碑之碑版书迹则成了他大字书法之『绝笔』，因此更显珍贵。而碑文撰者吴澄后来官至翰林学士（正二品）、太中大夫（文散阶从三品），知制诰同修国史，并为经筵讲官，卒后被追封为『临川郡公』，谥『文正』。篆额者袁桷后来也官至翰林侍讲学士（从二品）、中奉大夫（文散阶从二品），卒后被追封为『陈留郡公』，谥『文清』。从而，此碑成了集元代三位名公手笔于一体的『一代名碑』。

此碑以三位名公的声望而闻名，大瀛海道院则以此碑而蜚声。自建碑至明代晚期三百来年，虽然道教因为逐渐失去统治阶层扶持而日见衰微，社会上甚至形成了『崇佛抑道』的倾向，大批道士被迫改宗佛教或弃道还俗，不少道观因被改作佛教寺院而销声匿迹；虽然爵溪地处海隅，海盗、倭寇不断袭扰劫掠，社会动荡，渔业生产屡受影响，地方经济时好时坏；虽然大瀛海道院也曾随之兴衰无常，香火时旺时幽，道士时多时少，道事活动不很正常，但由于有了元刻原碑的声名支撑，加之渔民大多信奉道教神仙，所以道院不仅存续下来，还有所发展。只是此碑由于世事变迁，未获精心保护，『岁久石圮』，下方部分书迹连片剥脱，难以认读。

幸有吴澄的『宝水宗裔』吴学周于明万历三十四年(1606)春来象山接任知县，『获览此碑』，感念先祖『流风遗教』，遂延请县清人史象贤摹写赵孟頫书迹，并『命工改镌』新碑一方，重立于道院后殿（三清殿）左墙之内。此即《大瀛海道院记》明重刻碑。从此，人们多认此碑而不识元刻原碑之真迹。

但是，元刻原碑毕竟声名在外，依然备受金石学家和金石爱好者关注。从明末清初到民国时期，仍时而有人前来道院拓摹此碑碑拓，作为藏品。金石著述以及地方史志载籍更是历记不辍，或收其碑目，或录其碑文。即便是后来道院被逐步改作爵溪小学，尚有人前来拓摹元刻原碑或明重刻碑之碑拓。只是1958年以后，由于小学办学规模扩大，前殿（玄武殿）也被改作教室，不久请来泥工用石灰将元刻原碑全部搪封，使之深藏于墙内。不料，此举后来竟然成了一种保护措施。1965年『扫四旧』时，明重刻碑以及道院其他遗存均被砸毁。唯独元刻原碑因深藏墙内，为人所不知，得以幸免，逃过此劫。直到1980年，学校在翻建教学大楼和扩建操场时，方从残墙内拆出此碑。虽然碑石已『一分为三』，碑文残缺不全，但上截基本完好。下截虽然断为左右两小块，但原形未变，并有零星存字。因此，其历史文物价值依然不可低估。2015年冬，象山县文物管理委员会办公室将残碑原石移至县博物馆。后经拼接处理，重新竖立在博物馆展厅内，作为元代重要历史文物向公众展出。

改革开放以来，县内外对于『元明两碑』的研究不乏其例。其中研究较深、影响较广的有张明珠、何元均、章国庆等先生。县文联原副主席张明珠（中国书法家协会会员、西泠印社社员、篆刻家）所撰《〈大瀛海道院记〉碑考》一文（以下简称《碑考》），不仅对元刻原碑的碑文以及相关背景作了较深考证，而且还从金石学的视角对赵孟頫书迹的艺术特点和袁桷篆额的艺术风格进行了评述，提出了诸多新的观点。此文在西泠印社2009年秋季举行的『「重振金石学」国际学术研讨会』上交流后，又入选此次年会论文集《西泠印社重振金石学国际学术研讨会论文集》（西泠印社出版社2010年8月第1版）。原县教研室主任何元均（中学语文高级教师、县政协原常委、缨溪诗社原社长）在所著《象山古代史事管窥》一书（宁波出版社2010年12月第1版，以下简称《史事管窥》）第五辑『元代象山』中，以『大瀛海道院碑记解读』为题，对元刻原碑的有关背景作了探讨，并对碑文的正文进行了『析注』。其中对碑文录本的一些疑难词语的注解明白易懂，一显其治学之风格。宁波天一阁博物馆原副馆长章国庆（研究馆员）在所著《宁波历代碑碣墓志汇编·唐、五代、宋、元卷》一书（上海古籍出版社2012年3月第1版，以下简称《碑碣汇编》）

中，则以天一阁『清防阁碑帖专藏』之《大瀛海道院记》明重刻碑的碑拓为依据，对元刻原碑碑文进行了考补核定，使之重现全文原貌。与此同时，县内外先后公开出版的新编《象山县志·1986》（浙江人民出版社1988年4月第1版）、新编《爵溪镇志·1996》（中国书籍出版社1997年10月出版）、《全元文》（江苏古籍出版社1999年10月第1版），以及民国《象山县志》点校本（方志出版社2004年7月第1版）、嘉靖《象山县志》和倪象占《蓬山清话》标点本（中华书局2010年3月第1版）等等，也都收录并点校了《大瀛海道院记》文本。

说来凑巧。2011年11月，我为考释《唐明州象山县蓬莱观碑铭并叙》而造访宁波天一阁博物馆，受到了章国庆先生的热情接待和支持。当时，他正在校对《碑碣汇编》书稿。书稿中收录了《大瀛海道院记》元刻残碑碑拓和明重刻碑碑拓。其中元刻残碑碑拓为我所熟见，而明重刻碑碑拓却为我所不曾见，感觉新鲜。章先生随即从他的电脑中检出了这件碑拓的照片，放大打印了两份，供我阅读备考。他说：『这件碑拓藏品虽无来源等收藏信息，但依据碑文之末所具「万历丙午岁孟冬之吉重立」推算，至今已有四百多年历史。况且原碑已毁，凭此可以识读原碑之全貌。同时，碑文之后还有时任象山知县吴学周所记小字三行，记述了他之所以「命工改镌」此碑的缘由，因而对于研究《大瀛海道院记》元明两碑也很有史料价值。』

回转象山，细读这件明重刻碑碑拓所显示的碑文和吴学周所记三行小字，发现旧修县志和现行书刊录本，均与之有或多或少的差异。这让我意识到，阅读与研究《大瀛海道院记》必先考定文本，这是一个基础性课题。如果这个课题不做或做不好，信手捡来就阅读，难免将错就错，以讹传讹。同时，我还发现古今诸多研究《大瀛海道院记》的文章中，大都未能解读吴澄在此记中究竟说了些什么，以及此记究竟有何社会价值这类实质性问题。

有鉴于此，本书拟从考述大瀛海道院始末入手，对元刻原碑和明重刻碑分别进行查考与解读，对原碑的历代文本和现行文本分别进行考核与校勘。在考定文本的基础上，再依据定本解读其义理，简析其价值。同时，考虑到《大瀛海道院记》后来又被吕虚夷道士辑入其所编的《瀛海纪言》一书，因而有必要对此书也作些附考，以揭示此书与《大瀛海道院记》之间的内在联系。从而，让读者对元明两碑有一个多视角、全景式的认知。

顺此说明：因为本书所附之『元明两碑』碑拓、古今文本等多以旧式直书行文，故本书亦采用简化字自右向左直排成编，以便读者阅读与鉴析。

第一章　大瀛海道院始末

象山县爵溪大瀛海道院从创建到衰亡，历时长达六百余年。但是，关于它的兴衰存亡，史志载籍却历无系统记述。今为考读《大瀛海道院记》元明两碑，故根据有关史料以及民间传说，述其始末。

第一节　道教背景概述

关于大瀛海道院的兴衰存亡，恐怕还得从中国道教的历史背景说起。

中国道教，历史悠久，源远流长。上可溯至春秋时期的老子（姓李，名耳，字聃，史称『老聃』）。甚至更远，比如历史传说中的颛顼帝玄孙陆终氏第三子彭祖（姓籛，名铿，尧帝封之于彭城，因『其道可祖』，故史称『彭祖』，俗呼『老彭』）。即便从东汉顺帝汉安元年（142）张陵（本名道陵，人称『张天师』）创立『五斗米道』，尊老子为『太上老君』（或称『教祖』）算起，迄今也已有一千八百多年历史。后来，经过魏晋南北朝时期的改造，到隋唐两代道教已臻成型。唐宋时期，是道教大发展阶段。从南宋至元朝末年，乃是道教鼎盛时期。尤其是在元朝统一中国后，历代帝王都继承成吉思汗崇道传统，对道教倍加优崇宠渥。元世祖忽必烈平定江南时，即扶植南宋时期影响最大的江西龙虎山「天师道」，将张陵第三十六世孙张宗演、第四十一世孙张正言先后封为「天师」，赐以爵位，佩戴银印，并免除宫观赋役。继而又赐号「大真人」，命其掌管江南教务。张宗演的弟子张留孙（1248—1321，字师汉，信州贵溪人），即巧妙地利用这一有利条件，创立了「龙虎宗」支派——玄教。他还经常出入于大都（今北京）宫廷，立身帝侧，参与朝政。大德年间又加号「玄教大宗师」，并得以知集贤院玄门道教事。延祐二年（1315）以后，爵位由三品进二品，再进一品，卒后追封「魏国公」。

但是，由于元世祖忽必烈在平定江南时，曾任命西夏党项僧人杨琏真伽（《元史》作「杨涟真加」）为「江南释教都总统」（后改称「江淮释教都总统」）。此人凭借执掌佛教事务，依仗权势，在江浙一带大肆排斥道教。当年庆元路（今宁波）等地各处道教宫观之田土、山林，在后来十余年间多被僧人夺占。许多唐宋时代遗留下来的规模稍大的道教宫观都被改建为佛教寺院，甚至道士还被迫改宗佛教。后来杨琏真伽虽因盗掘绍兴宋陵而失去权势，但被毁的道教宫观大多未能恢复（见傅璇琮主编的《宁波通史·元明卷》）。

到了明清以后，道教因为逐渐失去统治阶层的扶植，日渐衰微。进入民国时期，道教更是每况愈下，不少地方道观不存，道士还俗。中华人民共和国成立前后，情况尤其如此。不过，道教毕竟是中国土生土长的宗教，比之其他宗教，与现实的结合相对密切。不仅所描述的仙境大多以现实为基础，而且有些修持方法也比较接近现代科学。因此历史上曾与儒、释相融并立。号称『三教』之一的道教，对中华传统文化产生过重大而深远的影响。时至今日，道教作为传统宗教和民俗信仰，依然衍传于世。

在这个背景之下，象山亦然。早在远古时代，就有『老彭』（即彭祖）与他的第五十二任妻子『采兰女』（即彭姥）结茅象山，采兰济民（采集高山吊兰即铁皮石斛，周济百姓）之传说，留下『彭姥村』『彭姥岭』『彭姥庙』以及『彭娘岙』等遗迹。到了秦代，则有方士徐福『隐迹蓬莱』、神仙安期生『云游邑东』等记载，分别留下『蓬莱观』『丹井泉』『药灶残踪』和『道人山』『游仙乡』等遗迹。汉代，又有仙人梅福『修炼蒙顶』之传说，在蒙顶山留下『梅岩』（一称『梅尉岩』）遗迹。还有赵贞女（即赵五娘）『寻夫升天』之说，留下『赵岙岭』『升天石』及『弥陀寺』等古迹。南北朝，更有梁道士陶弘景『驻足蓬莱』，以『蓬莱观』为其修药之馆，汲丹井之水炼制丹药之传说。唐代，即有县令杨弘正重建『蓬莱观』，再度祀奉『老聃』，振兴道场之纪事，有《唐明州象山县蓬莱观碑铭并叙》可证。南田岛上又有唐代道士刘道合（人称『刘真人』或『刘仙子』）得道脱化后，云游岛上高斗山岩洞，并有『书符划石』和在洞口石坛上『点石生金』之传说，留下『东仙源』『黄金坛』等遗迹。后唐时，又有来自福建的姜、毛两位进士（一说是商贾）隐于丹城市中『施药济人，卒而有灵』之传说，今存『姜毛庙』。宋代，有西乡乌岩村人谢宝『祈雨沾足』之传闻，北宋哲宗赵煦敕赐金帛而不受，后隐居东摄潭，『多有显迹』，至南宋建炎三年（1129）三月逝去。越三年，人闻其棺内有声，『启而视之，容貌如生，忽见火从头顶出而化去』，民称『谢圣』。南宋高宗赵构南渡时，舟行象山洋面，风涛震惊，有锯门『龙神』之功曹柳氏昆弟三人『显灵效忠，以济危难』（见明初县人蒋景高《锯门庙记》）。

由此可见，南宋右丞相文天祥在《过乱礁洋》一诗中称象山是『海山仙子国』，乃不虚之辞。

到了元代，象山有钟道士（佚其名）『岁旱以书符咒之，雨辄应。县有祸祟，使二童子持剑入水斩妖，事遂息』之纪事。西乡张岙村有张悌（1280—1327）『中年从道士习长生久视』之说，后赴湖北武当山『紫霄宫』，师事张真人三年化去，号称『无为子』。

在此之前，县东游仙乡柘溪村（今名梅溪），出了王姓、马姓两位道士。民间传说，他们的道术都很高，能够作法降妖捉怪，收于『宝瓶』之内，不使重新作祟。其中王道士年岁较大，人称『王翁』，结茅柘溪金钟山麓，祀奉真武之神，甚是灵验。真武是道教大神之一，号称『荡魔天尊』，俗呼『真武大帝』。古书说他是『先天始气，太极别体』，黄帝时下降托胎于净乐国善胜皇后，在其怀孕十四个月后，于三月初三日午时从左肋下出生。十四岁时出宫观上元灯火，见世人难免酒色财气之苦，遂入武当山修行。功成飞升，奉天帝之命镇守北方，故又称『玄武』。又说他身长九尺，面如满月，龙眉凤目，绀发美髯，颜如冰清，顶戴玉冠，身披松罗之服，能察微而知远，消除邪魔。其实，真武并无其人，世人对他的崇尚乃是源于古代对星宿的信仰。古人将『黄道』（太阳和月亮所经天区）中的恒星分为二十八个星座，称之为『二十八宿』，东方青龙、南方朱雀、西方白虎、北方玄武各七宿。玄武又有『灵龟』之别称，民间则以龟、蛇均雌雄一体，所以『真武大帝』的神像一般都左手执『青蛇』、右足踏『灵龟』。当年柘溪一带民间传言，王道士可凭借真武之『青蛇』『灵龟』的神力，镇服各种水妖海怪。

第二节 道院创建初始

元至元二十七年（1290），与柘溪同属游仙乡的海边渔村爵溪南侧『南溪』（因旧时溪中多鸟雀，又名『雀溪』。后以『雀』通『爵』，故村因名『爵溪』）入海口，时有『蛟龙』翻腾作恶，或掀翻渔船，或吞噬人畜，百姓深受其苦，不得安宁。村上耆老听说王道士能镇妖捉怪，遂至金钟山，礼请前去『降妖安民』。王道士来到『南溪』入海口，据说只辟了一道『灵符』，念了几句『符咒』，就将这条『蛟龙』给降服了。村人感激不尽，纷纷要求他留在爵溪，以保平安。他则因家有妻子儿女，一时难做决定，便返回金钟山修道。不想，那条『蛟龙』在王道士离开之后又故伎重演。爵溪民众于是决定在『南溪』北畔兴建『玄武殿』，并延请王道士前来主持建殿事务。王道士至此才抛家别妻，弃下儿女，取道号为『一真』，来到爵溪筹划建殿事宜，很快建起殿舍三楹（址在今爵溪街道中心幼儿园内东侧）。王一真则继续祀奉玄武之神，一心修道弘法。说来也怪，那条『蛟龙』在『玄武殿』兴建之后不但不再兴风作浪，而且还成了爵溪的『守护神』。

这些虽然是民间传说，但在当年却说得十分逼真。若干年后，浙西道肃政廉访司属吏卞思义在赠诗王一真之继任者吕虚夷时，即有『闻说吕公高隐处，蛟龙常护石眠床』句。今日之爵溪街道，仍存『南溪』之水（今东段称腾蛟溪，西段称龙溪），并在溪畔拓建了『腾蛟路』及『腾蛟广场』（见本节附）。

因为王一真道士有此番传奇故事，所以远近方外之士络绎前来与他一起修道。不久，王一真从民间购得前代善书之人所写『大瀛海』三字，并将它张贴在『玄武殿』的门楣上，作为『扁表』。从此，道场日益兴盛，规模不断扩大，定名『大瀛海道院』。之所以定名『道院』而不称『道观』，乃是因为当年规模不及道观之故。

附：腾蛟溪新貌（照片）

腾蛟溪东入海口

龙溪西入山处

腾蛟东路腾蛟雅苑

腾蛟西路腾蛟旅社

腾蛟广场

第三节 进入兴盛时期

元大德十一年（1307），象山久旱不雨，监县达鲁花赤岳合难（蒙古族人）和县尹（佚名）延请天台桐柏山『崇道观』道士吕虚夷来县求雨。吕道士早年曾在象山县署当过差，熟悉这里的基本情况。他到了县城东南二十五里锯门『龙洞』灵济庙。此庙坐落在『东山之隈，赤岩之阳』，原名『龙神庙』，岁旱祈祷即应行雨，亦即南宋时有『龙神』之功曹柳氏昆弟三人『显灵效忠，以济危难』之庙。故高宗赵构后来赐『灵济庙』额，并敕封之。吕虚夷到此，遂在庙内外设坛祈雨，结果『当夜雨澍』（即大雨如注，且成时雨），旱象立解。大瀛海道院道士王一真闻讯后，立即前往谒见。两人一见如故，王遂诚邀吕至道院共同修道弘法。

吕虚夷（？—1344），字与之，号啬斋，庆元路奉化州（今宁波市奉化区）人。关于他的生平事略，元末明初政治家、文学家危素曾撰《玄儒吕先生道行记》一文。今据以参互有关史料，择其要而述之：

世传吕虚夷初生时（年月日无考），母亲以吕氏上代只有一子传家，若再生第二子，必为和尚或道士，因此三天不洗去他身上的血污，意欲弃养。但他的嫂子胡氏却爱怜他，用自己的乳汁哺养他，才使他得以成长。少年时代的吕虚夷，端谨而好文，并喜摹写唐玄宗的

『八分书』（即『唐隶』）。后来曾先后当差鄞县、象山两县县署，以赚取微薄薪俸奉养母亲。母亲亡故后，他即辞官入天台桐柏山『崇道观』，着道士服，学做道士。『崇道观』系由唐代『茅山高道』司马承祯于景云二年（711）创建。司马承祯（647—735），复姓司马，本名练，字子微，河南温县人，是晋代司马王族之后，博学多识，既精于道经，又通儒家经史之学，并且多才多艺，琴棋书画无所不能。受此影响，『崇道观』后来一直儒、释、道兼崇，道徒大多擅长书画。所以吕虚夷入观之初也『益治经史』，兼修书画，擅于水墨丹青。不久，他远赴『华阳宗坛』（址在今江苏镇江茅山），从『上清宗派』第四十五代宗师刘大彬受『上清法箓』（即上清派向入门弟子传授秘籍《法箓》的仪式），成为正式道士。自此，他言行更加严洁，力弘道家传承，并游历江南道教圣地，以及建康（今江苏南京）、大都（今北京）、杭州、庆元（今宁波）等地，结识了一批文人学士和高道名僧，与他们均有诗文、书画交流。来到大瀛海道院后，他与住持道士王一真甚为相契，交称莫逆，努力拓建道院，使其形制『遂视他观』（即道院的建筑规模与别的道观一样）。

这在当年来说，是件极不容易的事。因为在王一真于元至元二十七年(1290)创建大瀛海道院前后，正是『江南释教都总统』杨琏真伽在庆元路一带大肆排斥道教之时。到了吕虚夷前来象山祷雨并入住大瀛海道院前后，情况虽然有所改变，但因受杨琏真伽影响，社会上仍存在『崇佛抑道』之倾向。在这种情势下，大瀛海道院不仅能够存续于世，而且还有了发展，这显然与王、吕二人的努力分不开，也与爵溪地方多渔民有关。因为渔民大都信奉道家神仙。而且，当年在爵溪一带还有一个传说，说是大瀛海道院拓建期间缺乏木料，恰于其时有位外地木材商从福建贩运杉木北上。高大的木排随着船队航行到爵溪外海，突然遭遇风暴，船队行将覆没。木材商对天发誓：『老天若能平息风浪，愿将这次所带木排全部捐献给当地寺观！』不意，瞬息之间风平浪静，船队拖着木排，不由自主地驶进了爵溪沙头前海。人们将这些杉木搬上沙头，堆起来有小山那样高。王一真和吕虚夷就是用这批上好杉木，改建了前殿（玄武殿）、后殿（三清殿），并兴建了东、西两厢和道众起居之所。从而使道院『焕然其初』（面貌一改建院之初），进入了基本成型阶段。

其间，吕虚夷曾于皇庆年间（1312—1313）赴庆元城内（今宁波市区）报恩寺（后改额延庆寺），向寺僧吴尊师（法号无考）求教，听他亲口传授『祈风雨，役鬼神』之法。事后，返回大瀛海道院。

王一真羽化后，吕虚夷接掌院事，象山县『道会司』（掌管道教事务的机构）即任命他为大瀛海道院住持道士，并命其『世守』之。这以后，他与门徒郑守仁（生平无考）一方面依托民众之力，继续拓建院舍，先后兴建了西偏殿（关帝殿）及道众宴休之所『澄碧堂』等，后来又开辟了西院，建起了前、后两庭，使道院占地面积达到十余亩，道士人数增至二十余人，道事活动不断，即所谓『大其居』。另一方面，则是继续征集文人学士、士大夫以及道教名流诗文、题铭，以提高道院知名度，即所谓『久其名』。为此，他画了许多《大瀛海道院之图》，分别赠送这些名人，以企求他们为道院作文题铭。

延祐六年（1319）之春，吕虚夷从友人鄞县著名学者程端礼处获悉吴澄的行踪，遂派遣门徒郑守仁持《大瀛海道院之图》前往建康，请得滞留在江东书院疗疾并著书、讲学的吴澄撰得《大瀛海道院记》一文。接着，又先后请得在湖州家居的书法名家赵孟頫书写成碑文，在鄞县南门家居的文史名家袁桷题写篆额，经延工选石，镌刻成碑，于至治二年（1322）二月十九日嵌砌在道院前殿（玄武殿）内东山墙间。从而使道院声名为之大振。

立碑当年，吕虚夷曾云游至道教胜地江西龙虎山。在那里，与吴澄的门生危素（江西金溪人）相识，并由此结下忘年之交。四年后，即泰定三年（1326），他又与危素一起徒步前往临川华盖山谒见已南归退居在那里著书立说的吴澄。当时，临川著名处士孙辙（字履常）、吴定翁（字仲谷）也相与登临，以啸歌吟咏为乐。

元顺帝至正元年(1341)，庆元天旱，吕虚夷应邀前往郡城祷雨。五月初二日作法后，云起西北（四明山区），状如天神执杖，顷刻大雨临江。庆元路总管府同知赵由松（生平无考）遂招之主『福顺观』（原名『福顺宫』，址在宁波城内，始建于南宋宝祐年间，元至元二十九年［1292］改额）。此后，他将大瀛海道院事务托付给了门徒郑守仁，自己则在宁波主持『福顺观』，并于四明山创建『四明别馆』，奉祀『四明洞天之神』。其间，他曾与名僧恢大章、昙噩、祖铭等相交，互有唱和之作。还曾救助过患疾的鄞县名士袁士元。晚年，吕虚夷曾一度隐居杭州吴山『三茅观』（祀奉汉代得道成仙的茅盈、茅固、茅衷三兄弟的道观），还曾奉养过同舍寒士项诚之。至正四年二月二十五日（1344年3月10日），吕虚夷在『福顺观』羽化，葬于鄞县东钱湖之西。大瀛海道院则由其徒郑守仁主持修筑『誓坛』，藏其生前所著《老子讲义》《啬斋文集》以及所辑《瀛海纪言》等书，作为先哲长期供奉（详见本节附读：危素《玄儒吕先生道行记》）。

纵观吕虚夷一生，他确实是一位了不起的道士，堪称象山乃至浙东历史上的『一代名道』。是他，将大瀛海道院推向了兴盛时期。

附读：危素《玄儒吕先生道行记》

【题解】

危素（1303—1372），字太仆，金溪（今属江西）人。少年即通五经，曾从吴澄、范椁游。至正元年（1341）受荐为经筵检讨，参修宋、辽、金三史，又注《尔雅》。书成，由国子监助教迁翰林编修。因纂修《后妃传》等成书，历迁太常博士、兵部员外郎、监察御史、工部侍郎，转大司农丞、礼部尚书。十八年（1358）参中书省事，寻进御史台治书侍御史。二十年（1360）拜参知政事。不久改拜翰林学士承旨，出为岭北行省左丞。淮南兵乱，因言事不报，弃官居房山四年。明师将抵燕，起为承旨如故。洪武二年（1369）授翰林侍讲学士。后因有御史论其是『亡国之臣』，不宜列侍从，诏谪居和州（今河南嵩县东北），令守『余阙庙』（余阙原是元之重臣，为抵御陈友谅而死节，后奉诏立是庙）。岁余病卒，享年七十。他是元末明初政治家、文学家，著有《说学斋稿》《云林集》等。

《玄儒吕先生道行记》，今见于《钦定四库全书》所收危素《说学斋稿》卷一，作于至正七年丁亥（1347），是危素早期之作。这年，他才四十五岁，大约在翰林编修任上，因至庆元（今宁波）收集档案资料，应葛逻禄（中国西北古代民族）人迺贤与大瀛

海道院郑守仁之请，为撰此文。文题称吕虚夷是『玄儒』，意为既是玄门道士，又是精通儒家经义的儒士。『道行记』，即记其修道德行，犹生平事略。此记是研究吕氏的重要历史文献资料。

由此记可知，危素与吕虚夷交谊甚深，他比吕氏小三十来岁，因此两人是忘年之交。早在危素入京为官之前，两人即于泰定三年（1326）『徒步往见吴澄于抚州华盖山』，并与抚州处士孙履常、吴仲谷『相与登临啸咏』。其间，危素也与吕氏多有唱和之作。今存《云林集》者，有《题大瀛海道院》等六首（详见本书第六章第二节注释）。

鉴此，今将此记分作六段，注解如下：

玄儒吕先生道行记　丁亥①

先生讳虚夷，字与之，姓吕氏，奉化人②。世传家始生时，母以吕氏上世止一子传家③，否则必为浮屠道流④，不浴者三日⑤。嫂胡怜之⑥，自为乳哺⑦。少尝执事鄞、象山二县庭⑧，冀得微禄以养母⑨。母殁⑩，遂谢去，入天台之桐柏山崇道观⑪，着道士服⑫，益治经史⑬。

【注解】

①丁亥：元至正七年（1347）。此即危素撰此记之年。

②奉化：今宁波市奉化区。原文作『春化』，误。今正之。

③止：同『只』。

④浮屠道流：浮屠，即佛，泛指和尚。道流，即道士。

⑤不浴者三日：三天内不洗去身上血污。

⑥嫂胡怜之：姓胡的嫂嫂爱怜吕虚夷。

⑦自为乳哺：用自己的乳汁哺养。

⑧此句意言：吕虚夷少年时代曾当差鄞县、象山两县署。执事，乃是侍从左右供人差遣之职。庭，即厅堂，此作『县署』解。

⑨冀得微禄以养母：希望赚取微薄的俸禄（薪水）供养母亲。

⑩母殁（mò）：母亲亡故。

⑪天台之桐柏山崇道观：天台县桐柏山崇道观。旧名桐柏观，相传由唐代『茅山高道』司马承祯（一名练，字子微，号道云，河南温县人）于景云二年（711）创建。

⑫着道士服：穿道袍戴道冠，意为学做道士。

⑬益治经史：更加认真学习研究儒家经史之学。

皇庆间①，诣庆元报恩寺吴尊师②，嗖祈风雨、役鬼神之法③。有王翁者筑館象山之爵溪④，盖岛屿孤绝处⑤。先生祷雨而应⑥，王翁因留共处⑦。是为大瀛海道院，翰林学士临川吴公为之记⑧。至正元年庆元旱⑨，五月己酉祷雨郡治⑩，云起西北，状如天神执杖，官吏惊呼。再拜，顷之大雨临江。路同知总管府事赵侯由松招之主福顺观⑪，建大阁以奉四明洞天之神⑫。

【注解】

①皇庆：元仁宗第一个年号，仅历两年（1312—1313）。

②指庆元报恩寺：前往宁波报恩寺求教。其时，宁波已由庆元府改称庆元路。报恩寺，即延庆寺之前身(址在今灵桥路95号)，当年为宁波重要佛教寺院。吴尊师：当为报恩寺住持，生平无考。

③嗖(shòu)祈风雨、役鬼神之法：亲口传授呼风唤雨、驱鬼使神的道术。可见那位吴尊师亦佛道兼崇。

④王翁：即象山爵溪大瀛海道院创建者王一真。爵溪，原文作『郁溪』，误。今正之。

⑤盖岛屿孤绝处：大概是孤悬海上的岛屿之地。但大瀛海道院不在海岛，而在爵溪村南溪入海处北畔。

⑥先生祷雨而应：吕虚夷于元大德十一年（1307）应象山县尹之邀，前来祷雨而应验。旧志称当夜『雨澍』（大雨如注，且成时雨）。

⑦王翁因留共处：王一真因此挽留吕氏一起共同修道。

⑧临川吴公为之记：此即指吴澄为作《大瀛海道院记》之事。

⑨至正元年庆元旱：公元1341年宁波大旱。

⑩五月己酉：农历五月初二。

⑪路同知总管府事：即庆元路同知，知府之佐官。时府署称『总管府』。赵由松：除任此职外，余无考。福顺观：原名『福顺宫』，始建于南宋宝祐年间（1253—1258），元至元二十九年（1292）请得此额。清乾隆时被废。

⑫建大阁：额曰『四明别馆』，址在四明山区。

先生好义而质直①，端谨而和易②，安贫守道，不事华饰，不趋势利。素好客③，常典衣以具食④。通禅观之学⑤，沙门师恢大章、噩无梦、铭古鼎俱有倡和之作⑥。尝与翰林侍讲学士同郡袁公⑦、僧云岫云外坐松荫讲《老子》⑧，或绘为图。吴公又为之赞⑨。

【注解】

①好义而质直：喜欢仗义而质朴正直。

②端谨而和易：端庄谨慎而温和平易。

③素好客：平素好客。

④常典衣以具食：经常典当衣物以备食待客。

⑤通禅观之学：精通佛教参禅学问。

⑥沙门师：即佛教出家人。沙门，沙门那的简称，对佛教僧侣的原始称谓，梵文śramana之音译。恢大章：诗僧，无考。噩无梦：昙噩（1285—1373），字无梦，号梦堂，俗姓王，慈溪人。师事奉化长芦寺雪庭，相宗律部，历住浙江三名刹，元帝敕赐『佛真文懿』。后主象山瑞龙寺。明洪武初曾应诏赴南京天界寺，太祖悯其年耄，赐归。五年临终说谒毕而寂。铭古鼎：祖铭（1280—1358），字古鼎，俗姓应，奉化人。早年从金峨横山锡公学出世法。后得度，谒元叟行端于杭州灵隐寺开悟。至正七年（1347）主径山寺。赐号『慧性文敏宏学普济禅师』，卒于妙明庵。倡和之作：相互唱酬诗作。

⑦袁公：即袁桷（1266—1327），字伯长，号清容居士，庆元路鄞城南门人（详见本书第二章第一节）。

⑧云岫云外：即云岫（1242—1324），字云外，号方崖，俗姓李，昌国（今舟山）人。早年依直翁德举剃度，住慈溪石门寺。后曾为象山智门寺住持，迁宁波天宁寺。其时为天童寺住持，研究曹洞宗，尽其源底。坐松荫讲《老子》：坐在松树林前讲解老子《道德经》。原文缺『云』字，误。今正之。

⑨吴公：即吴澄。其为吕虚夷所绘此图题《赞》，今已不觅。

其待乡曲至厚[1]，喜必庆，忧必吊。博士袁士元有疾[2]，经岁不瘉。先生冒寒暑，履冰霜，求医请祷，久而不怠[3]。他日来视疾，度河风浪忽作，舟覆而溺。先生徐起，色不为变，曰：『无使病者闻之为我惊也。』同舍生项诚之久客杭④，老而无依。先生亲往迎之，愿终其身与处⑤。

【注解】

①乡曲：本指僻远乡村，此作『同乡』或『乡亲』解。

②袁士元：一名宁老，字彦章，鄞县人。父曾官至庆元路儒学教授。他幼承家教，诵读废寝忘餐。及长，读书尤勤。年近四十而未仕，隐于城西，植菊数百，自号『菊村学者』。曾以茂才任鄞县教谕，调鄮山书院山长。至正间荐授翰林国史院检阅官，不赴。

③不怠：不冷淡松懈。

④项诚之：无考。

⑤愿终其身与处：情愿与项氏一起生活到老终。

然既隐居，无求于世。至杭之吴山①，见古梅及藤蟠曲奇怪②，乃以为益友。四年二月丙辰③，无病而卒。先是郡人金谅有山在鄞东湖之西亭④，预为先生营寿藏⑤。至是，其徒奉冠剑瘗焉⑥。倾城往送，虽军卒小夫亦设祭道傍⑦。受授法者谅及钱津⑧，与诸交游作天坛⑨。道院筑誓坛⑩，以藏其书，曰《老子讲义》阙卷⑪、《啬斋文集》阙卷，先生所自著；曰《瀛海纪言》十有七卷⑫，皆一时名人为先生所著。

【注解】

①至杭之吴山：吕虚夷晚年曾隐居杭州吴山东南坡『三茅观』（全名『三茅宁寿观』，以奉『三茅真君』得名）。『三茅真君』，指汉代得道成仙于江苏名曲山（后名茅山）的咸阳人茅盈、茅固、茅衷三兄弟。此观遗址今存，并已重建『三茅堂』。

②见古梅及藤蟠曲奇怪：『三茅观』内旧有古梅、老藤，形态盘曲奇怪。相传为茅盈手植。吕氏曾作《梅藤图号曰『二老』》，赠与危素。危素曾以《吕尊师画三茅观梅、藤为图，号曰『二老』。走笔赋之》一诗相酬（详见本书第六章第二节）。

③四年二月丙辰：元至正四年二月二十五日（公元1344年3月10日）。此即吕氏羽化之日。

④郡人金谅：宁波人，生平无考。不过从下文称其为吕氏『受授法者』可知，他亦是吕氏之道徒。鄞东湖之西亭：今宁波东钱湖之西。

⑤预为先生营寿藏：预先为吕氏建造寿圹。古人一般于七十虚岁建寿圹，可知吕氏世寿在七十余岁。

⑥奉冠剑瘗焉：恭敬地捧着吕氏生前戴过的道冠、用过的法剑，一起埋葬于此。

⑦军卒小夫：小兵和平民百姓。

⑧钱津：无考。不过，其亦为吕氏『受授法者』，可知其也是吕氏之道徒。

⑨与诸交游：与吕虚夷生前众多交往的朋友。作天坛：搭建用于祭祀的高台。

⑩道院筑誓坛：大瀛海道院则建筑专藏吕氏著作的哲坛。『誓』通『哲』，意即奉吕氏为先哲。

⑪阙卷：因疑惑此书卷数而不写之字（下同）。

⑫十有七卷：据蒋宗简《瀛海纪言序》，此书『别为十八卷』。

初，吴尊师别有馆在城东①，门人吴某毁之②。先生尝受遗命于师力欲复之③，在势者阴庇④。吴某不能直⑤，故其殁也，犹以为憾云。素弱冠始识先生信之龙虎山⑥，若神交者⑦。后四年⑧，偕徒步往见吴公抚之华盖山⑨。时吾郡处士孙君履常、吴君仲谷相与登临啸咏⑩，意欢如也⑪。又十有八年⑫，素事适鄞⑬，而先生化去逾月矣⑭，呜呼悲哉！葛逻禄迺贤与其徒郑守仁请书先生之遗事并藏焉⑮。

【注解】

①吴尊师：即前述报恩寺住持。别有馆在城东：报恩寺另有别馆在鄞城之东（其址无考）。

②门人吴某毁之：吴尊师之门徒吴某（无考）毁坏了这处别馆。

③此句意为：吕氏曾经受吴尊师生前嘱咐，想要尽力修复这个别馆。

④在势者阴庇：在势，意当权。阴庇，本指枝叶遮蔽，喻覆荫庇护。

⑤不能直：不能当值，或即不能担当。

⑥素：危素之自称，犹『我』（下同）。弱冠：古代男子二十虚岁时初加冠，但体尚未壮，故称。危素生于元大德七年（1303），其弱冠之年当在元至治二年（1322），即《大瀛海道院记》建碑之年。信之龙虎山：江西信州龙虎山。信州，唐乾元元年（758）置，治所在上饶。元至元十四年（1277）升为信州路。龙虎山，为道教创始人张陵子孙张宗演、张正言传道居住之地，址在今鹰潭市西南，旧属信州。其时，疑由张宗演弟子张留孙住持。

⑦若神交者：好像心神相通一般。

⑧后四年：即四年之后，当指元泰定三年（1326）。

⑨此句意为：危素偕同吕氏步行到抚州华盖山往见吴澄。华盖山，在江西抚州崇仁县西南，延袤宜黄、乐安等县界。吴澄是崇仁人，其时他已南归退居华盖山著书立说。

⑩吾郡：即抚州，旧称临川郡，元至元十四年（1277）升为抚州路。处士孙君履常：即孙辙（1262—1334），字履常，其先自金陵徙家临川，幼孤，母蔡氏教之。及长，学行纯笃，家居教授，门庭冷落，而考德问业者日盛。郡中俊彦有声者皆出其门。与人言，一以孝悌忠信为本，辞温气和，闻者莫不油然感悟。士子至郡者必来见，部使者长吏以下仁且贤者，必造访，宪司屡辟，不就。吴君仲谷：即吴定翁（生卒无考），字仲谷，其先于宋初自金陵来

迁，幼即俨如成人，读书寒暑不懈，清修文雅，与孙辙齐名，最善为诗。御史及江西特守部使者辟荐相望，终身不为所动（此二公《元史》卷一九九均有传）。相与登临啸咏：一起登临布水谷，与吕、危啸歌吟咏。

⑪意欢如也：欣喜之情如此。

⑫又十有八年：即元顺帝至正四年（1344）。

⑬素事适鄞：危素因视事至鄞城（今宁波）。

⑭先生化去逾月：吕氏已羽化一月有余。

⑮迺贤：即乃贤（1309—1368），字易之，西域葛逻禄人。祖上内迁，定居浙东，改汉姓马，因名马易之，别号河朔外史，以诗闻于世，著有《金台集》《河朔访古记》等。至正二十二年（1362）入京为翰林国史院编修。后为东湖书院山长。二十八年（1368）出参军事，不久病卒。

第四节　走向衰亡前后

吕道士羽化后，大瀛海道院由其徒郑守仁接任住持，但其道行与业绩，史志无载。此后，从元末到明初，由于改朝换代，社会动荡，先是方国珍部属作乱海上，至正十五年（1355）还曾登陆爵溪，在梅溪一带大肆掳掠。再是倭寇屡犯沿海，爵溪首当其冲。当局于洪武二年（1369）置爵溪巡检司，警戒前海。在这种形势下，渔业生产受到严重的影响，地方经济不景气，道院的道事活动减少，道士数量亦随之缩减，其衰颓之势已见端倪。

洪武十七年（1384），信国公汤和经略浙东海防，于二十年（1387）将昌国卫从舟山迁至象山石浦东门岛。随后转迁石浦后门山，即于爵溪周围山头，分设八个烽堠以备倭。三十年（1397），又置爵溪千户所，驻兵一千余名，听命昌国卫指挥抗倭。三十一年（1398），千户王恭主持修筑爵溪所城，城之南门及瓮城就筑在大瀛海道院东南百余步处，城墙自东南向西北，从道院门前经过。有此屏障，道院虽然安全许多，但在后来的永乐、正统、嘉靖年间，因倭患不断，时发抗倭战事。加之当局仍重佛轻道，道院衰颓之势已不可逆转。好在近海渔业复兴，渔民又大多信奉佛道，所以在后来的二百多年里，道院尚可勉强维持，殿舍屡圮屡修，道士时有更迭。

直到明万历三十四年（1606）之春，吴学周来象山任知县，以为爵溪所是邑之门户，因而『时为象念及爵，又为爵念及爵所徭弊，往往蒿目』。为此，他采取多种措施，革除所营兵役之弊端，使『师无枵腹』。又鼎新所城雉堞、台铺，使『城则壁矣，池则堑矣』。同时，使外来『附版于邑者』各适其业。又按实悉免渔民欠税，多方招商赈济，并使有慧而文之士『列在胶庠』（入学读书）。他还在大瀛海道院获览其先祖吴澄所撰《大瀛海道院记》之碑，以为『岁久石圮』，『命工改镌』，重立新碑于『三清殿』内之东山墙间。三年后，吴学周以政绩擢升温州府掾（同知）。爵溪军民则感其施惠诸多，因请在乡榜眼邵景尧撰就《吴侯惠政记》一文，并请山东益都书法家徐大望（与邵景尧同科进士）书丹，镌石刻碑，立于吴学周重立新碑之右。

入清之初，顺治三年（1646）废卫所制，爵溪千户所裁汰，改置『爵溪城汛』，隶象协左营，设千把总一员，轮防驻兵一百二十余名。不久，朝廷颁发『海禁令』，严令『寸板不准入海』。紧接着，又内迁沿海十八里居民，即所谓『迁界海禁』。爵溪因为是『邑之咽喉』，又有驻兵防守，虽不在『迁界』之列，但『海禁』之严，伤及渔业，经济萧条，大瀛海道院自然更显艰难。康熙十九年（1680），海疆初定，内迁之地相继展复，渔业复兴，道院景况始得好转。不过，受渔民佛道兼信之驱使，佛教元素逐渐融入道院，先后增设了『二十四孝』『五十三参』『十八罗汉』以及『经堂』『禅房』等。乾隆二十三年（1758），赵岙巡检司巡检使盛熙（江南苏州人）寓居道院，于玄武殿内寻获元刻原碑，漶灭百余字，余尚完好。拓得数纸，以告知县史鸣皋表著之。此后，嘉庆、道光、咸丰、同治各朝，爵溪虽然常常海氛不靖，时有海盗登陆劫掠，特别是『蔡牵之乱』，曾惊动浙江巡抚阮元，亲临爵溪指挥布防。但对于道院影响不大，还在玄武殿之后建起了戏台及过廊，逢年过节尤其在洋山时节演戏连日，供内外人等观赏。据旧志记载，光绪年间道院还曾作一次大修。只是到了光绪后期，道士逐步绝迹，改由僧人（俗称庙祝）入主，道院亦被俗呼为『爵溪大庙』。

辛亥革命，世事剧变，儒、释、道均遭批判，大瀛海道院名存实亡。民国元年（1912），里人赵觐黻、赵觐璋于宣统二年（1910）所办的爵溪小学堂从原址『社仓』迁入道院『西院』。民国三年（1914），小学堂改建为象山县第二区区立初级小学校舍。同时，道院东首临南街一带空地，亦逐渐建起商铺与民宅，仅留一条甬道与南门相通。为招徕香客，善男信女曾建木牌坊，上题『大瀛海道院』之额。民国十一年（1922），海盗猖獗，渔船出海受阻，赵觐璋发起组织民团，自任团董，设址道院，雇佣团丁十余人，每人配备枪支弹药，缉捕海盗，护航护渔。十二年（1923），赵氏见道院出入口木牌坊已坏，遂与同里郑光法一起督募资金，以时任县知事李芳（江苏高邮人）名义重建石牌坊，由前清进士陈畬（本县东陈大塔人，东陈陈汉章先生之胞弟）题写『大瀛海道院』及『天上玉京』前后坊额（见本节附一）。民国中期，爵溪前洋大黄鱼旺发，鱼市兴盛，『爵鲞』远销各地。道院事务曾由『爵溪鱼会』掌管，道院建筑形制尚属完整（见本节附二）。抗战后期，汪伪军曾一度侵占道院，毁坏神像多座。抗战胜利后，前、后二殿仍时有香火，一直延续至中华人民共和国成立前夕。

中华人民共和国成立之初，在『破除封建迷信』的口号下，道院神像全部被毁。爵溪初级小学由县人民政府接收，1951年增设高小，改为爵溪镇中心小学。后来，因为办学规模不断扩大，原道院殿宇均由学校改作教学用房。『文革』初期『扫四旧』，明重刻碑与邵景尧《吴侯惠政记》碑，以及原道院的其他遗存均被砸被毁。1980年学校拆建教学大楼与操场，道院的最后一些建筑遗存也被拆除，从原玄武殿东山墙残垣中拆出了元刻残碑。至此，道院遗迹荡然不存。2005年，中心小学迁往新址，原址改办爵溪街道中心幼儿园，至今（见本节附三）。

附一：『大瀛海道院』坊额拓片影印

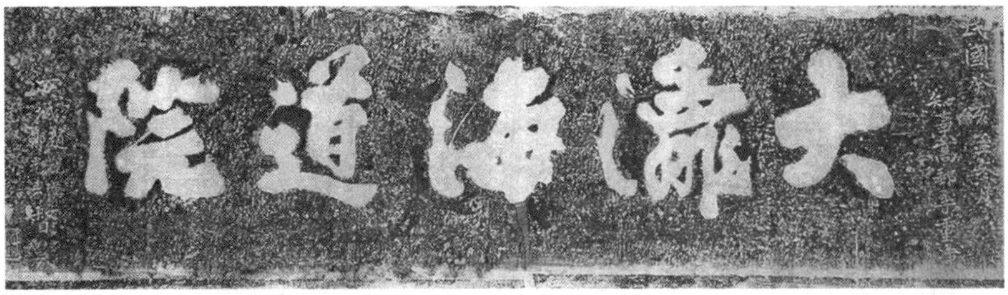

前额

后额

说明：此坊原址在道院之东三十步入口处，原为木牌坊。民国十二年（1923）十月，由象山县知事李芳重建为石碑坊。前后坊额均由清朝进士陈畲题写。上为前额，下为后额，刻于同石之两面。石宽163厘米、高49厘米、厚11厘米，今存于象山县文物管理委员会办公室。前额上款为『民国癸亥孟冬月，知事高邮李重建』。下款为『所城赵觐璋、郑光法督募，邑人陈畲书（下刻『天官岂浊』印章）』。后额上款为『民国十二年癸亥壬午，知事高邮李重建』。下款为『所城赵觐璋、郑光法合立，前进士陈畲书（下刻其印章已剥蚀）』。

李芳（生卒无考），江苏高邮人，拔贡出身。民国七年（1918）九月任象山县知事，八年（1919）九月离任。十二年（1923）三月复任，十三年（1924）六月又

石牌坊遗址

离任。

赵觐璋(1870—1932)、郑光法（1861—1937）均系爵溪城中社会闻人，热心社会公益事业。

陈畬(1867—1930)，原名得心，字应文，号雨香（后作宇襄），东陈村陈汉章先生之胞弟，后析居大塔村。清光绪二十九年（1903）进士，选授工部主事，调吏部文选司主稿，后历任吏部考功司分核、稽勋司副掌印、艺学馆监学、学治馆副提调、实录正校官、经筵掌故课撰文等职，晋儒林郎，丞参上行走（四品衔）。入民国后，赋闲于家，曾主纂《新昌县志》，协修《象山县志》。因其曾历任吏部属官，而吏部习称『天官』，故其有『天官岂浊』之印，意为吏部官员岂能浑浊不清。

附二：《大瀛海道院建筑复原图》影印

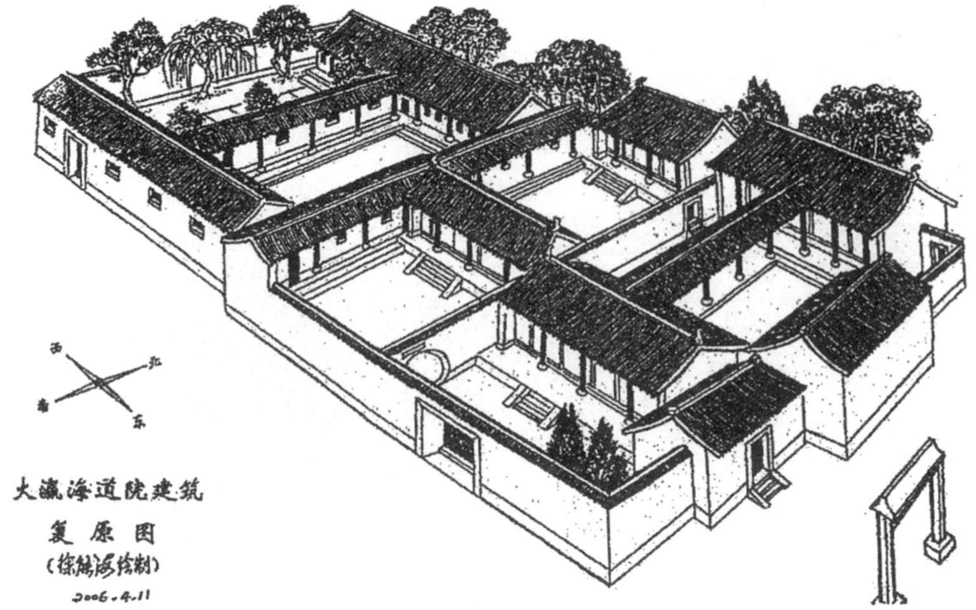

说明：此图由徐能海先生于2006年4月11日根据道院民国中后期建筑形制绘制。图中所示，大瀛海道院正门朝南。入正门过前院为前殿（玄武殿）。前殿东侧为偏殿（后祀奉『二十四孝图』），东墙有偏门，作为道众日常出入之便门）。前殿之后有戏台、过廊，为节庆演剧场所。过廊与后殿（三清殿）相连。其东亦为偏殿（后祀奉『五十三参』神像）。过廊两侧为东院。其西为中院，南为『关帝殿』，北为『澄碧堂』（后改作『经堂』）。再西为西院，前后亦有过廊连接，原为道众休宴之所，后为爵溪小学校舍，并于西南角开一偏门，供师生出入。道院之东，建有石牌坊一座，即『大瀛海道院』坊。

绘图者徐能海，1938年出生于道院附近『爵溪三村』，自小就读爵溪小学，后毕业于舟山师范，分配象山历任小学、中学教师。多年后，调任县文化馆馆长，擅长美术，时有作品参展获奖，后为中国美术家协会会员。

附三：大瀛海道院遗址（今爵溪街道中心幼儿园照片）

原道院正门遗址

原道院西院遗址

原道院东院遗址

原三清殿遗址

原玄武殿遗址

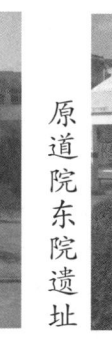

第二章 元刻原碑考读

元刻原碑是本书考读之主体。此碑虽因『岁久石圮』，今已『一分为三』，但残碑原石尚存。上截基本完好，只是下部字面多有连片剥脱；下截虽已断为两小块，但合而为一，原形未变，且碑版尚有若干零星存字。

本次考读，先对此碑的刻立背景、经世历程分别作一考述。再对残存原石及其碑版篆额、浮雕图饰、碑文存字等进行考察。同时，对此碑的旧传碑拓、古今文本予以稽考与校勘。然后，对残碑存字及其书体作一辨识。以俾读者对元刻原碑的前世今生有一全景式的了解。

第一节 刻立背景考述

（一）吕虚夷建碑动因考述

一如前文所述，吕虚夷早年『端谨而好文』，并喜爱摹写『唐隶』。后来入天台崇道观学道，又『益治经史』，兼修书画，擅水墨丹青。因此，他之所以访求学者和士大夫题词作文，可能是基于本人兴趣爱好。也因此，他往往先赠送自己所绘之《大瀛海道院图》，作为『见面礼』。这其实也是旧时文人之间笔墨交往的一种『潜规则』。

吕虚夷学道入道前后，亦如前文所述，元世祖忽必烈任命的『江淮释教都总统』杨琏真伽排斥道教之影响犹存，社会上仍有『崇佛抑道』倾向。作为『玄儒』的吕虚夷，在接掌大瀛海道院之后，自然会感到道院尚有存续与否的风险。为此，他在『资众力大其居』的同时，又想方设法访求著名学者与士大夫『赠一言久其名』，以使道院得以存续并有所发展。

为此，吕虚夷于元延祐六年（1319）之春，通过时在鄞县儒学执教的程端礼，探听到著名学者吴澄的行踪。程端礼（1271—1345），字敬叔，一字敬礼，号畏斋，鄞县人。早年与其弟端学（字时叔，后官至翰林国史院编修）师从史蒙卿，传朱熹之学。及长，历任广德建平（今安徽郎溪）、严州建德（今属浙江）县学教谕。后赴建康江东书院任山长。数年后迁江西铅山州学教谕，擢衢州路、台州路教授（从七品），以将仕郎（文散阶正八品）致仕归里。时，庆元路总管府知事王元恭又请其为师，执教家乡学子。后曾为吕虚夷所辑之《瀛海纪言》作序的蒋宗简，即其此时门生。程端礼一生文章学识、品行道谊均高于世，是元代庆元路著名理学家和教育家，著有《读书日程》《春秋本义》及《畏斋集》等。吕虚夷因为早年曾执事于鄞县县署，也许对程氏品学耳有所闻。入道后，又曾在庆元等处广泛结识文人学士，从中与程氏大概也有所接触。当程氏致仕归里执教于鄞县儒学后，两人之间交往更深。程氏曾作《送道士啬斋君序》相赠（见本书第六章第二节解读）。而程氏因为早年曾任江东书院山长（其时书院尚称『王进德家新书塾』，址在秦淮河永安街）。主办人王进德（1246—1329，字仁甫，系吴澄之门生）与程氏年龄差25岁，两人亦属忘年交，自然交谊不浅。加之程氏又在那里任山长数年，在建康亦不乏当年门生。因而在他晚年致仕归里之后，仍时而可获悉江东书院有关信息。其中包括元延祐六年（1319）吴澄滞留『王进德家新书塾』疗疾并著书、讲学之信息。这对于吕虚夷而言，自然是机会难得，遂从程氏处取得介绍信函，指派其门徒郑守仁持《大瀛海道院图》前往建康，与王进德或程氏在建康的门生一起访求吴澄撰文。这些虽不为史志所记，但其因果关系却符合逻辑推理，故而应当可备一说。不意，吴澄竟信手撰就《大瀛海道院记》这样一篇说海论道的美文。

吕虚夷在得到此记后，也许以为不仅有较高存史、资治、教化价值，而且更有支撑道院『门面』，以壮道院声望的作用。因此决定将它勒石建碑，昭示道众。

（二）吴澄及其撰文时日考述

吴澄（1249—1333），字幼清，晚年又字伯清，号草庐，抚州崇仁（今属江西）人。因出生地在崇仁偏远山区，古属临川郡，故其日后著文时往往自署『临川吴澄』，学者则由此尊称其『临川先生』。

吴澄之家，自高祖吴晔之后，世代以儒为业。祖父吴铎是位儒生，擅长诗赋，精通天文星历之学。父亲吴枢是名谦谦儒士，擅长医术。

吴澄三岁颖悟日发，五岁开始读经，七岁即能属对，九岁可吟诗作赋。十岁接触朱熹《大学章句》，日诵二十遍。如此坚持三年，并由此用功于《论语》《孟子》《中庸》等儒学经典。十四岁赴抚州府学童子试，成绩优异。十六岁得抚州『临汝书院』山长程若庸（朱熹的三传弟子）赏识，让他与族子程钜夫同学为友。十九岁开始著书，先后著得《孝经刊误》《孝经外传》《皇极经世续书》等。二十一岁参加乡试，顺利中举。第二年前往省城（今南昌）应试进士，结果落第。回家后，设帐授徒。其时，南宋对蒙古的军事形势恶化，他盖了几间草屋，并在门上书以『抱膝梁父吟，浩歌出师表』楹联，隐然以诸葛亮自比。少年好友程钜夫了解他的用意，为题『草庐』之额，此即其号之由来。

南宋德祐元年（1275），抚州归顺元朝，时局不稳。二十七岁的吴澄为避战祸，带领全家躲进深山，隐居于布水谷（又名『宝水』），自耕自食，先后校注了《孝经章句》《易经》《书经》《诗经》《春秋》《仪礼》《小戴礼记》《大戴礼记》等等，至三十五岁才重返故家。三十八岁，时任元朝侍御史的程钜夫奉诏求贤江南，举荐吴澄赴大都。同行者有南宋皇室后裔赵孟頫等，均获一官半职闲差。唯独吴澄不获，遂以母老辞归，又以授徒为业。四十七岁游学省城，按察司经历郝文迎至郡学讲学，为众人折服，因而认识江西行省掾史元明善。翌年，由元明善引见，得与行省左丞董士选会面。董对吴澄学识留有深刻印象，一再向朝廷举荐，终于吴被擢为应奉翰林文字（从七品）。这年，吴澄已年过半百，不想为官，曾致函董士选谢辞。后因董再三敦促，方迟迟赴任。不料，到京后此职已有代官。他立即南归，沿途讲学，门生越来越多。五十六岁，又被授予江西儒学副提举（亦从七品），但他拖了三年才去赴任。到任仅三月，又以疾辞归。在这前后，他曾对北宋理学象数派创立者邵雍的著作进行了考校，同时还校定了《葬书》《老子》《庄子》《太玄》等书。可见他对象数之学等经学之外的学说亦有广泛兴趣。这使他后来成为不同于只讲理性之学的儒者。

至大元年（1308），吴澄已是花甲之年，朝廷以国子监丞（正六品）诏他入京，直接教导国子监诸生。四年（1311），升为国子监司业（正五品），推行程颢、朱熹『四条教法』，即向诸生进行经学、行实、文艺、治事四方面教学。此一教法与前任祭酒许衡重行实不重经说不同，因而遭同僚反对，未及推行。面对压力，他遂于皇庆元年（1312）正月称疾去职，诸生则有不谒而从之南下者。皇庆二年（1313），仁宗诏令恢复科举，吴澄对此并不十分赞成。延祐元年（1314），在江西行省主事者盛邀之下，吴澄充任了乡试考官。四年（1317），再次充任此职。

延祐五年（1318）之春，吴澄年已七十，诏拜集贤直学士，并特授奉议大夫（集贤直学士，系集贤院直学士之省称［从三品］。奉议大夫，系文散官阶，从五品。《元史》载：集贤院『掌提调学校、征求隐逸、召集贤良。凡国子监、玄门道教、阴阳祭祀、占卜祭遁之事，悉隶焉』。其时，直贤院即由『玄教大宗师』张留孙知『玄门道教事』。可知『玄门道教』为集贤院掌管，亦为直学士吴澄职责之一）。

但是，吴澄迟迟未予赴京就职，直到集贤院遣修撰虞集奉诏至其家，他才于同年五月勉强启程。不料行至真州（今江苏仪征）因疾作不果行，于是暂住淮南。后渡江滞留建康，寓于建康城内门生王进德家新书塾（不久由吴澄定其规制。有司上其事，于泰定元年（1324）赐额『江东书院』，后人即以此额称之）疗疾并撰著《尚书纂言》。同时，学者云集，从其讲学。

也就在这时，即延祐六年（1319）春，大瀛海道院住持道士吕虚夷派遣其门徒郑守仁持《大瀛海道院图》前来江东书院，与王进德或程端礼在建康的门生一起前来访求『资一言以久其名』。吴澄遂撰以《大瀛海道院记》这篇文辞优美的散文相赠。

元英宗即位，励精图治，选贤任能，于至治三年（1323）遣使臣至崇仁特聘吴澄为翰林学士（正二品）、进阶太中大夫（从三品）、知制诰同修国史。同年二月，吴澄从家中启程，五月到京赴任。八月初英宗从上都回京，在南坡店遇弑。泰定帝即位后，于翌年初开经筵，首命吴澄与平章政事张珪、国子祭酒邓文原同为讲官。其时，会修《英宗实录》，又命吴澄总其事。居数月，《实录》既成，即移疾不出。中书左丞许师敬奉旨赐宴国史院，致以朝廷勉留之意。宴罢，吴澄即出城登舟南归。泰定帝诏加资善大夫（正二品），并以金织文绮二、钞五千贯赐之。南归后，朝廷又几次征召，吴澄均未赴任。

晚年在乡，吴澄仍撰书论学不倦。八十岁成《春秋纂言》，八十一岁成《易纂言外翼》，八十四岁成《礼记纂言》。其间，虽退居深山，四面八方慕名来学者络绎不绝，较卓者有元明善、虞集、贡师泰、揭傒斯、危素以及柳贯等。吕虚夷即在危素陪同下，曾前往谒见。元统元年（1333）六月，得疾而卒，享年八十五岁。朝廷赠江西行省左丞、上护军，追封临川郡公，谥文正。

吴澄一生，历宋、元两代，二十七年在南宋，五十八年在元，故史称『宋元之际学者』。他的学问源于『朱学』，在经学方面充分体现了朱熹一系『道问学』的特点。在理学方面，继承了宋儒尤其是朱熹的很多思想，并在一些方面有所推进。比如提出了『理在气中』的观点，后来成为明代『理气一元论』的先声。在教学上，他则主张『尊德性以道问学』。总之，他既坚持了『朱学』的立场，又较少门户之见，卓然成为『一代大家』。在元朝中期，他是最有声望的学者之一，与元初北方学者许衡并称『北许南吴』。到了明宣德年间，他还曾被从祀孔庙，尊为『先儒吴氏』。

从上文可知，《大瀛海道院记》一文是吴澄于延祐六年(1319)之春在建康王进德家新书塾所撰。但在文后所署的撰文时日，却是『日余十有二杓贞于天田延祐第六春也』。其中之『延祐第六春』，显然是元仁宗延祐六年（1319）春天之谓。但『日余十有二杓贞于天田』所指何月何日何时，却令人费解。询之一位长者并查考《辞源》等辞书，方知吴公乃是以星象学之法署时辰、日、月，可读作『日余，十有二，杓贞于天田』。『日余』，指夕阳西下时辰，相当于酉时，即傍晚五六点钟。『十有二』，即十二日。『杓贞于天田』，系言月份。『杓』，指北斗七星之第五、六、七颗星，又称『斗杓』或『斗柄』。『贞』（zhēn），通『正』，意为『正指向』。『天田』，星名。《星经》：『天田九星，主畿内田苗之职。』意言『天田』星座由九颗小星组成，其职责是主管『畿内田苗』

之事。『畿内』，本指都城周围千里以内的区域，后泛指国土。『田苗』，即田间禾苗之种植与苗情，可引申为农作物耕种时节。但仍不明其所指何月。于是，又查考《辞源》『天田』条释文：『龙星左角曰天田，则农祥也，晨见而祭。』再考同书『龙星』条释文：『龙星，二十八宿之东方苍龙的角、亢、房、心、尾诸宿。《左传·桓五年》：「龙见而雩（yú）。」服虔注：「龙，角、亢也。谓四月昏龙星体见。」』从中始知，『天田』乃是『龙星』之『左角』，每年四月黄昏时分才会出现。这与吴澄所署之『日余』时辰相合。据此，『日余，十有二，杓贞于天田』可解读为农历四月十二日黄昏时辰。

要知道，吴澄当时寓于王进德家新书塾，不仅疗疾，又要撰著《尚书纂言》，而且还有诸多学者从其讲学，所以教务繁忙。他只能利用黄昏闲暇写下这篇《大瀛海道院记》。

（三）赵孟頫及其书碑时间考述

赵孟頫（1254—1322），字子昂，号松雪道人，又号水精宫道人。宋太祖赵匡胤第十一世孙。南宋高宗赵构无子，立禧王赵子偁之子赵昚为孝宗。孝宗赐其兄赵伯圭居湖州（今属浙江）。伯圭乃是赵孟頫四世祖，故其亦为湖州人。

赵孟頫之曾祖赵师垂、祖父赵希水、父亲赵与訔（yín）皆为南宋高官。他自幼聪敏，过目成诵，为文操笔立就。南宋咸淳三年（1267），年仅十四岁，即以父荫补官。试中吏部铨法，调真州司户参军。南宋亡，居家自力于学。

入元，侍御史程钜夫于至元二十三年（1286）奉诏遍访江南遗逸，荐赵孟頫入京。世祖忽必烈见之而喜，使坐右丞叶李之上。朝臣则以其为宋室子，不宜使近左右。世祖不听，命赵孟頫入尚书省草诏颁天下。翌年六月，授兵部郎中。二十七年（1290），迁集贤直学士。二十九年（1292），出为济南路（今属山东）同知。时无总管，他独署府事，政清事简。会修《世祖实录》，诏其入京。久之，迁知汾州（今属山西），未上，奉旨书金字《藏经》。既成，仍为集贤直学士，出为江浙等处儒学提举。至大三年（1310），又诏至京，以翰林侍读学士（从二品）与撰祭南郊祝文以及进殿之名。议不合，乃谒告去。

皇庆元年（1312），仁宗即位，召拜集贤侍讲学士，进阶中奉大夫（皆从二品）。延祐元年（1314），改拜翰林侍讲学士。又迁集贤侍讲学士、资德大夫（皆正二品）。三年（1316），拜翰林学士承旨、荣禄大夫（皆从一品）、兼知制诰同修国史。仁宗眷之甚厚，以字呼之而不呼其名，尝与侍臣论文学之士，以赵孟頫比唐李白、宋苏轼，并称其『操履纯正，博学多闻，书画绝伦，旁通佛、老之旨，皆人所不及』。六年

（1319），请得南归。仁宗曾遣使赐衣币，趣之还朝。赵孟頫则以眼疾，不果行。至治元年（1321），英宗即位，又遣使至赵氏湖州家，命其书写《孝经》。二年（1322），赐上尊（上等醇酒）及衣二袭。同年六月，因病而卒，享年六十九岁。朝廷追封『魏国公』，谥『文敏』。

《元史》称赵孟頫『所著有《尚书注》。有《琴原》《乐原》，得律吕不传之妙。诗文清邃奇逸，读之使人有飘飘出尘之想』。其实，他生前身后更以书画名闻天下。其书，学唐代书法名家李邕，而以晋王羲之、王献之父子（世称『二王』）为宗，篆、籀、分、隶、真、行、草书，无不冠绝古今。尤精于正书、行书与小楷，圆转遒丽，世称『赵体』。存世书迹颇多，有《洛神赋》《胆巴碑》《四体千字文》等。其画，山水取法五代及宋初画家董源、李成；人物、鞍马师法李公麟及唐人之法。又工墨竹、花鸟，以笔墨圆润苍秀见长，并善于以飞白法画石，用书法笔调写竹。主张变革风行已久的南宋画院体制格调，提出『作画贵有古意。若无古意，虽工无益』的观点，以遥接五代、北宋之体格、法度，在继承前规的基础上有所发展。同时，倡导『士气』，从而开创了有元一代新画风。存世画作有《鹊华秋色》《秋郊饮马》《红衣罗汉》等。此外，兼工篆刻，以『圆朱文』著称。其夫人管道升亦工书擅画，尤长墨竹、梅兰。他们的两个儿子赵雍、赵奕，后来也都以书画驰名。

如上文所述，赵孟頫于延祐六年（1319）『请得南归』。朝廷『趣之还朝』，他则『以眼疾，不果行』，终于至治二年（1322）六月因病而卒。而由他所书的《大瀛海道院记》建碑时日是『至治二年二月十九日』。从中可知，他当时正在湖州故家。因此，他为《大瀛海道院记》书写碑文的时间，当在吴澄延祐六年四月十二日撰文之后、大瀛海道院至治二年（1322）二月十九日建碑之前。他书写此碑的具体时日，无以考定。

不过，大瀛海道院建碑后仅四个来月，赵孟頫即因病而卒。迄今为止，尚未发现赵氏在这四个来月中另有别的大字书法传世。所以，书法界近几年经考证，认定《大瀛海道院记》碑版书迹是赵孟頫大字书法之『绝笔』。这无疑又使元刻残碑的今存书迹显得更加珍贵！

（四）袁桷及其篆额时间考述

袁桷（1266—1327），字伯长，号清容居士，庆元路鄞城南门（今属宁波市海曙区）人。因其父袁洪曾在南宋时任职于两浙漕运，为太社令，故袁桷生于钱塘（今杭州）。出生七日，其母即亡，由外祖母抚养成人。

袁桷天资聪颖，少负才名，清苦为学。初从奉化戴表元读经，后拜同乡进士王应麟（《三字经》作者）为师，与诸硕儒交游，博闻强记，长于文学，精于史学。对历代礼乐沿革、官吏制度、朝士大夫族系以及诸子百家书目，均能追本溯源，道其原委。二十余岁，被举为茂才异等，出任丽泽书院山长。大德元年（1297），受荐为翰林国史院检阅官（正八品）。时，初建南郊祭社，他进《十议》，礼官推其博，多采纳之。旋升应奉翰林文字（从七品），同知制诰兼国史编修。后历两考，迁待制（正五品）。又拜集贤直学士。奉诏修成宗、武宗、仁宗三朝大典。延祐七年（1320），移疾南归故里，与人合撰郡志，当年成书，凡二十卷，即延祐《四明志》（该志卷十八《释道考·下》，录吴澄《大瀛海道院记》全文。其时，此记尚未刻碑）。

不久，复以直学士召入集贤院。未几改翰林直学士、知制诰同修国史。至治元年（1321），迁侍讲学士（从二品）。泰定元年（1324），又辞归。四年（1327）卒，享年六十二岁。朝廷赠中奉大夫（从二品）、江浙等处行中书省参知政事、护军，追封『陈留郡公』，谥『文清』。

袁桷在朝前后二十余年，朝廷制册、勋臣碑铭、词林题跋多出其手。著有《易说》《清容居士集》等十余部。所撰延祐《四明志》以考核精审，不支不滥，为一代名志。

平生又工书法，篆书『熔晋唐诸家而自成一体』。

如上文述及，袁桷于延祐七年（1320）『移疾南归故里』，与人合撰延祐《四明志》，当年志成刊行。另据危素《玄儒吕先生道行记》：吕虚夷『尝与翰林侍讲学士同郡袁公（即袁桷）、僧云岫云外坐松荫讲《老子》。或绘为图，吴公（即吴澄）又为之赞』。由此可知，袁桷为《大瀛海道院记》元碑篆额，亦当在此时。因为他『不久，复以直学士召入集贤院。未几改翰林直学士、知制诰同修国史』了。因此，具体时日，亦无以考定。不过，袁桷篆额的时间应当在赵孟頫书丹之后、石工刻碑之前。

（五）建碑时日考述

在经过上述筹划之后，吕虚夷遂着手延工选石，刻制成碑，并择吉建碑。这个『吉日』，便是今存于残碑的建碑之日『至治二年二月十九日』。

这天何以被认为『吉日』？佛教中，相传观世音菩萨的生日是农历二月十九日。既然是观世音之『生日』，自然是『吉日』。道院建碑，为何选择佛家『吉日』？这显然与吕虚夷儒、释、道兼崇相关。他早年习儒，尊孔读经，入道后自然崇道。但危素《玄儒吕先生道行记》却记，吕氏曾于『皇庆间，诣庆元报恩寺吴尊师，嗳祈风雨、役鬼神之法』。后来又『通禅观之学，沙门师恢大章、噩无梦、铭古鼎俱有倡和之作』。况且，从当年社会上『崇佛抑道』的形势分析，他也不得不『佛道兼修』。

第二节　经世历程考略

元刻原碑刻制成功后，吕虚夷将它嵌砌于道院前殿『玄武殿』内东山墙下方墙体间。『玄武殿』坐北朝南，东山墙即为其左，故后来史志载籍多称『立于玄武殿之左』。这与1980年拆除此墙残垣，发现元刻残碑的位置相同。可见此碑自『至治二年二月十九日』建立，在后来长达658年的时间里，位置一直不曾变动。

因为此碑是集元代三位名家手笔于一体的『一代名碑』，所以为后来历代文人学士和金石学者所瞩目。直到明万历三十七年（1609），本县昌国卫邵景尧（万历二十六年戊戌科榜眼及第）在所撰《吴侯惠政记》碑中，仍称此碑『至今珍如商彝周鼎』，意谓此碑如同商周时代祭祀所用的青铜礼器那样珍贵。在这前后，历修《浙江通志》《宁波府志》和《象山县志》均或详或略记载了此碑。从而，使大瀛海道院声名远播，客观上达到了吕道士所企盼的『久其名』的目的，也使道院在『崇佛抑道』的环境中，得以存续并且有所发展。

但是，由于爵溪地处海隅，人文不兴，道院后任住持道士和世人对此碑的人文历史价值未能深刻认识，因而失之必要保护，以致到了明万历中后期发生『岁久石圮』的现象。

不过，说是『岁久』，其实从建碑到万历中后期，也只有280余年，不算太久。况且，此碑一直置于『玄武殿』内，没有风雨侵蚀，碑石如何会『圮』呢？同时，从今存残碑原石观察，上截顶部与上部石面基本完好。所谓『石圮』，是指下部碑文字面多有剥脱，原石『断为两截』，『一分为三』乃是拆卸之时下截裂成两小块所致。发生这种情况，不免使人对其成因产生一些疑问，即为什么一直居于殿内的此碑会发生这种『石圮』现象？是不是由什么人为因素所致？在访问1980年从残垣中拆出原碑的一些当事人时，他们都说原碑下方好像有火烧过的痕迹，拆出时还发现原碑上下两截断缝中积有一层灰烬和烟熏痕迹。此一说法，让人不乏猜想：是什么人竟然会在道院『玄武殿』内东山墙下方引火焚烧或者烧烤什么东西呢？或许是永乐、正统、成化、嘉靖年间倭寇屡犯爵溪，曾经窜入道院前殿烧烤何物时所致。或者是这一期间某股海盗窜入殿内烧烤衣物、鱼肉之类所致。因为从火势来看，要把碑文烧至斑驳脱落，必然是猛火烈焰，而且经久不息才会达到这个地步。但史料无证，这仅是猜想而已。

万历三十四年（1606）之春，新任知县吴学周到职数月后，获览此碑，感念其先祖吴澄之『流风遗教』，即以『岁久石圮』，命工改刻新碑，重立于道院后殿『三清殿』之左（亦嵌砌于殿内东山墙间），此即『明重刻碑』。自此，人们遂不识元刻原碑真迹。

到了清乾隆二十三年（1758），象山赵岙巡检司巡检使盛熙寓居大瀛海道院内，在『玄武殿』内寻获了元刻原碑，虽『漶灭百余字，余尚完好』。因拓得数纸，以告时任知县史鸣皋（江苏如皋进士）『表著之』（即裱装成立轴以供观赏），时人始得一睹其貌。因而，同年刊行的乾隆《象山县志》（史鸣皋监修、象山进士姜炳璋与如皋贡生冒春荣纂修）于卷之十二『寺观』内，即有『其碑尚存』之记载，并收录了吴澄的《大瀛海道院记》。

与此同时，官修之《续通志》（与姜炳璋同科进士纪昀等人校订）亦于卷169『金石略』中收录元刻原碑碑目。钱大昕（亦与姜炳璋同科进士）所著之《潜研堂金石文目》亦收录此碑碑目。

这以后，虽然尚有史志载籍记及此碑或收录吴澄之《大瀛海道院记》，但总体还是被世人冷落。最明显的是，未被时任浙江巡抚阮元所编的《两浙金石志》收录。按理，阮元在嘉庆之初曾『搜访摹拓』浙东、浙西金石刻本。其间，他还曾与水师提督李长庚一起为平息『蔡牵之乱』到过象山，甚至到过爵溪。他在嘉庆七年（1802）为象山县学训导温纯所撰的《象山县学署重修姜忠肃公祠碑记》中，即有『韭山高峙，沙湾清漪』之句。『韭山』即爵溪东南近海中的南韭山，『沙湾』指爵溪西南之白沙湾。然而在他于道光四年（1824）刊行的《两浙金石志》中，却未收《大瀛海道院记》之元碑或明碑。这不能不说是《两浙金石志》的一个缺失，也是《大瀛海道院记》元明两碑被时人冷落的一个实证。

不过，在县人心目中，元刻原碑并没有被淡忘，仍时而有文人墨客作诗吟咏之。清雍正元年（1723）癸卯科拔贡钱志朗曾作《大瀛海东道院》一诗：『吾家东海滨，几度见扬尘。琴学水仙操，碑遗松雪文。独怜宋城草，离离哀王孙。』诗中之『松雪文』，即指赵孟頫书迹，因其号为『松雪道人』。『宋城草』，系指县南『宋王城』古迹。光绪间又有岁贡陈得善（字一斋，号三蕉，东陈人）作《读吴草庐大瀛海碑记》：『清翁世有道，叙事尝称神。形容竟独肖，为记千余言。如舟行绝岛，夷若惊耳闻。太息名胜处，得此知前因。二子亦善书，寥哉俱万春。今日是乡过，淑气浮长天。』『清翁』系指吴澄，因其字幼清，晚年又自号伯清。『二子』系指赵孟頫、袁桷。不过此碑碑文不足『千余言』，仅817字（见下文考述）。民国之初，又有前清邑庠生王庆余（沙岗人）也作《大瀛道院》一诗：『大瀛海士驻溪中，选胜平沙筑道宫。峙立三街成古迹，残碑犹见宋人风。』『大瀛海士』当指王一真、吕虚夷。『三街』系指爵溪城中东、西、南三条街路（爵溪无北街）。『宋人风』系言吴澄、赵孟頫、袁桷三位名公，他们均由南宋入元。

『我们解放前后在爵溪小学读书的时候，听老师们说大殿里的几块古碑都很有名气，是书法名家的手迹。因此同学们常常用白纸蒙在石碑上，再用铅笔磨出字迹来比赛，看谁磨得多磨得好。』2014年在大瀛海道院原址查考拆出元刻残碑的位置时，有四五位老人如是说。他们中还有人说道：『那时候，校外也曾有人用整张白纸蒙住全碑，再用白布包蘸墨水「影印」碑上字迹。然后等干燥了揭下拿走。』。这其实是说有人曾来摹拓碑帖。但当问及这些人是哪里人时，他们却又说不清。

由此，我回忆起上世纪六十年代初期在杭州大学教务处工作期间的一件往事。那是1962年上春，我在参与接待一位北京来校讲学的鲁迅研究专家时，他问我家在何处，我说象山。他随口说：『鲁迅先生民国之初在北京任教期间曾广泛搜集全国各地名碑碑帖。据说他曾慕名托人前往象山拓取赵孟頫所写的一方名碑拓片。』我反问：『是不是「大瀛海道院记碑」？』他说：『对，就是这方名碑。』听他一说，使向来景仰鲁迅先生道德文章的我，似乎也拉近了与先生之间的时空距离。这也从一个侧面说明，时至民国之初，元刻残碑的社会影响尚存。

也就在那次查考元刻原碑位置的过程中，听一位曾在原爵溪小学任教多年的退休教师说起，上世纪五十年代『公社化』时，附近有些村校并入爵溪中心小学。学校因为增加班级，将『玄武殿』也改作教室。后来，见教室里立着这么一块石碑，以为『不雅观』，所以便请来泥工师傅用石灰将它搪封了起来。从此这块名碑便在人们的视野里『消失』了。不想，后来却成了一件好事。因为『文革』初期『扫四旧』时，原来道院遗留在建筑物上的花饰、图案以及原『三清殿』内两块古碑都被『一扫而光』。而元刻原碑则隐于墙内，因『深藏不露』而逃过此劫。

1980年，当时的爵溪镇中心小学为拆建教学大楼，扩建操场，从原『玄武殿』东山墙残垣内拆出了元刻残碑。学校立即报告爵溪镇政府，镇政府又立刻转报县文管会办公室。文管会办公室闻讯后立即派员赶赴现场。鉴定后，当场雇来一台手扶拖拉机，将已经『一分为三』的残碑运至丹城广场路县文化馆前的空地上（当时文管会办公室附设在县文化馆内）。后来，广场路县图书馆落成后，文管会办公室迁至县图书馆四楼办公，又将这方残碑移入图书馆后天井存放。

直到2015年秋天，落成有年的象山县博物馆开始布展。县文管会办公室将元刻残碑从图书馆后天井搬出，运至博物馆。经清洗除垢和拼接处理，并于上截之上部裱以宣纸，拓成碑拓。然后将全碑重新竖立在展厅的显要位置，罩以巨大玻璃柜，作为象山元代主要历史文物，于同年年底向公众展出。只惜布展施工单位在裱装和拓成碑拓时，未能将全碑拓出，致使下部零星残存的碑文书迹为世人所不见，留下小小的遗憾（见本书前插页及本节附）。

这就是元刻原碑的前世今生。

附：重新竖立的元刻残碑（照片）

第三节 存世残碑考察

对于元刻残碑，我在县人民政府副县长兼县文物管理委员会主任任内，曾见过多次，但都未及细察，况且时间已过去了二十多年，印象也已淡薄。这次为考读此碑，于2012年秋天在访问拆出这方残碑的一些当事人之后，继而对它的真实情况进行了现场考察。

（一）残碑原石考察

据当年拆出残碑的一些当事人回忆，此碑拆卸之前先除去搪封在碑面的石灰，发现下方有一条S形断缝，断为上下两截。上截最长处有一人多高，大约200厘米；最短处也有一人来高，大约180厘米。下截最长处约40厘米，最短处仅10厘米。碑身两侧各有两个与墙体固定的固定孔，里边嵌有木榫头，均已霉烂，用手指一拨，就全部跌落。当时为防止上截倒出，先用绳子反向拉住，又用木头正向撑住。等上截拆倒后，发现上下两个断面还都有3个拼接孔，每个孔内也有已经霉烂了的木榫头。同时还发现两个断面和断面靠墙内侧有火烧过的痕迹，并积存着一层灰烬。但在拆下截时，因为与碑座有个石榫头，泥工用撬棍硬撬，不小心将它撬成了两半，一半较大，另一半较小。碑座则因为深埋在墙脚下，未能拆出。

这些当事人还说到，在施工人员将残碑拆出后，等县文管会办公室工作人员赶到现场，经过考察鉴别和实测实量，便雇来手扶拖拉机装运。因为上截残碑有20来厘米厚，体量大，重达千余斤，所以由当时在场的十多个人一起用手抬，才将它抬上拖拉机运走。

在了解到上述情况后，我遂于2014年秋天与县文管会现任办公室主任郑松才同志一起来到残碑存放处，见到一块绿色大篷布覆盖在残碑上，与其他碑石横放在图书馆后天井的围墙脚下。在郑主任协助下，移开其他碑石，掀起大篷布，才见到了元刻残碑。本想将它竖立起再进行考察，终因地方狭窄，体量太重而作罢。

经过冲洗，除去积尘，残碑才露出了真容，下部还留有三块大小不等的石灰搪封痕迹。于是我们从碑顶、碑侧、断面等几个角度，分别拍摄了照片（见本节附一）。但这只是残碑的上截，下截两小块却不知放在何处，找来找去还是找不到。因此只能先对上截进行考察与测量。

残碑石面呈灰红色，质地细腻，泼之清水则显得暗红。据张明珠《碑考》：『碑残，梅园石质（产自鄞县鄞江梅园，碑石上品）。』又据宁波地矿部门鉴定报告，梅园石盛产于鄞县鄞江镇梅溪村附近山麓。这种石材，岩性为浅紫灰色块状泥质粉砂岩，呈夹层状产出，具有色泽均匀、素雅大方、质地细腻等特点。而且块幅大，易于加工，是刻制碑碣、墓志的绝好石料。我因不懂石质与产地，于是请来一位从前相熟的老石匠过目。他却以为此碑石质虽好，但硬度显然要胜于梅园石，不然下部石面不至于会连片斑剥脱落。这种斑剥状况，为梅园石所不常见。但这方碑石究竟产自何地，他又说不上来。

残碑顶部完整，顶面宽86厘米、厚16厘米，凿有3个圆孔，孔径大小不一（左孔为9.5厘米、中孔为8厘米、右孔为6.5厘米），深均在12厘米以上，孔底均斜凿至碑石背面，使碑顶与背面相通。老石匠认为，这是刻碑之前搬运原石和刻制成碑之后吊装用的吊装孔。

顶面两端，均作削角处理，各有一个长21厘米、宽17厘米的斜面。两个斜面底部之间的距离为111厘米，此即碑顶实际宽度。

上截碑石底部为S形断面，与碑顶呈左短右长形状。左侧断口距碑顶180厘米，右侧突出圆口距碑顶长195厘米，断面厚16.5厘米，凿有3个长方孔，大小深浅不一（右孔已断去一部分，仅留长9厘米、宽4厘米、深约5厘米；中孔长11厘米，宽4厘米，深7厘米；左孔长16厘米，宽4厘米，深6厘米）。老石匠说，这是与下截拼接的拼接孔。

碑石两侧均为未经打磨的毛石面，厚度为16—17厘米不等，各凿有上下两个长方孔。每孔大小深浅基本一致，长14厘米、宽5厘米、深5厘米。上下两孔之间的距离为104厘米。老石匠说，这是碑石嵌砌于墙体内用木榫头与墙体作固定的固定孔。

碑石背面通体为未经打磨的毛石面，仅见碑顶斜凿下来的3个吊装孔。

以上是上截原石的基本形状。

一个多星期后，为考测残碑篆额、浮雕图饰以及碑文字面大小尺寸，我又来到原石存放处。无意之中，在一个古碑堆下方发现了元刻原碑下截之左小半块。但右小半块还是暂未找到。有人说，可能是放在上截碑石背后了。但碑石实在太重，一时难以移动寻找。

这右小半块原石后经考测，正面左短右长，上宽下窄，下边还有大半个楔口形的石榫头。其上方断口向右倾斜，长约58厘米，与上截残碑右侧断面正好吻合。断口上面也凿有两个长方孔，大小深浅不一（左孔长15厘米、宽5厘米、深7.5厘米；右孔长已断去大部分，仅留6厘米、宽4厘米、深7.4厘米），均与上半截断面之左、中两孔相对应。其左侧石面至底面边长45厘米，亦为未经打磨毛石面。右侧断边残，呈内弯状，长约27厘米。断面痕迹较新（可见是拆卸时方才断去）。底面之下的石榫头，斜长14厘米、宽23厘米、厚12厘米，乃是插入碑座榫孔之左小半。

至此，虽然尚未找到下半截之右小半块，但原碑之形状已可明了：碑石总长为225厘米（即上截边长180厘米，加下截左小半块之左边长45厘米。不计底下石榫头长14厘米），总宽为111厘米，厚度为16.5厘米，原碑体积在0.4立方米左右。若按花岗岩比重每立方米2600公斤计算，则碑石重量达1000公斤左右。难怪当年拆出时，现场要由十多人才抬上手扶拖拉机。

在找到下半截左小半块原石后，我又请那位老石匠来过目。他仔细观察和辨别、比对后，得出了让人感到新奇的结论。即：元刻原碑并非『断裂』为上、下两截，而是刻碑之时上截原石长度不够，由石工用另外石块拼接加长而成！其主要依据是，上截与下截的石质不同。如果说上截是上等石质，那么下截只是质地比较细腻的普通石块而已。为了说明问题，老石匠还立即买来一瓶矿泉水，泼于上截原石上，呈暗红色，泼于下截原石上，呈灰褐色，果见石色各异。他说，这是石作界辨别石质的基本方法，石质同与不同，用水一泼，便可清楚。接着，他又分析道，正因为此碑由上、下两石拼接而成，当年的石工师傅为防止上截碑体坐不稳而倒出，所以在两侧各凿了两个固定孔，用木榫头与墙体固定住，不使倒出。也正因为有了这一固定防范措施，此碑嵌砌在墙体中一般不会倒出，也不易取出，除非将墙体拆开。因此，建碑之后再行上、下拼接的可能性应当可以排除。况且，此碑两侧的固定孔、上下两截之间的拼接孔，与碑顶吊装孔的凿法完全相同，肯定出自同一石工师傅之手。老石匠所言，有理有据，我表赞同。这恐怕是此次考察残碑原石的一个新发现。

（二）残碑篆额考察

因为上截碑石顶部依然完整，所以碑首之篆额『大瀛海道院记』六字无缺。这六个篆体大字，分列两行，各行上距碑顶边线11厘米，下距碑底边线32厘米，每字长9.5厘米、宽7厘米，为长方形篆书。两行之间行距为2厘米，每行3字，字距为1.6厘米，下距碑文3.5厘米。因此，两行的总宽度为16厘米。

但如今流传的元刻残碑拓片，因均未拓出篆额与碑顶边线的距离11厘米，所以使人有『留天』不足之感（见本节附二）。

（三）浮雕图饰考察

篆额两侧之浮雕图饰，左、右两图均长24厘米、宽20厘米。呈长方形。上边距碑顶均为16厘米，下边距碑文均为2厘米。

需要解释的是，左图所刻的浮雕为『巨虚』，是古代神话传说中的一种『神兽』。相传其力无穷，能背负大山，象征『忍辱负重』；右图所刻的浮雕为『凤戢』，是古代传说中的一种『瑞鸟』。它因为收敛了羽翼，比喻『隐居不仕』。两图连读，即『忍辱负重』『隐居不仕』。此乃道家之处世哲学，或即宣示大瀛海道院的办院宗旨，其寓意鲜明而深刻（见本节附三）。

（四）碑文字面考察

碑文每字长3厘米、宽2.5厘米，即书家所谓『字径一寸』。俗称『胡桃字』，属大字书法。

全文共24行，行距一律为2厘米。满行42字。其中第十八行虽为满行，因上部『所』与『及』之间加嵌了『不』字，而达43字。此外：第一行（文题）仅6字。第二行（撰文者吴澄署名）12字。第三行（书碑者赵孟頫署名）13字。第四行（篆额者袁桷署名）13字。第二十三行（文末）6字。第二十四行（建碑年月日）10字。如此，经统计，全文为817字。

碑文上距篆额2厘米，距浮雕图饰3.5厘米；下距碑底边线16厘米；两侧（即第一行、第二十四行）各距碑左、碑右边线5.5厘米。

碑文书写格式：第一行（文题6字）与正文并头。第二、三、四行（撰文者、书碑者、篆额者署名）均比正文低9字。第二十四行（建碑年月日）比正文低4字。

（五）残碑存字考察

如前所述，元碑碑文共24行，817字。此次考察时，对每行存字逐行作了清点。现将各行原有字数，今存字数与其中上、下两截存字说明，以及剥脱字数，列表如下：

行别	原有字数	今存字数	其中：上、下两截存字（包括残存半字）说明	剥脱字数
一	6	2	上截存『瀛海』2字之左半，下截无字。	4
二	12	4	上截存『集贤直』3字，下截存『撰』字。	8
三	13	7	上截存『翰林学士承』5字和『知』字之左半，下截存『书』字。	6
四	13	7	上截存『集贤直』3字和『士』之左半及『奉』字，下截存『篆额』2字。	6
五	42	25	上截存23字，下截存『方寸』2字。	17
六	42	26	上截存24字，下截存『斥泽』2字。	16
七	42	26	上截存24字以及『异』字上半，下截存『霞』字。	16
八	42	26	上截存24字以及『深』字上半，下截存『行』字。	16
九	42	24	上截存24字，下截无存字。	18
十	42	25	上截存25字，下截无存字。	17
十一	42	25	上截存25字，下截无存字。	17
十二	42	25	上截存25字，下截无存字。	17

续表

十三	42	25	上截存25字，下截无存字。	17
十四	42	24	上截存24字，下截无存字。	18
十五	42	25	上截存24字以及『则』字之左半，下截无存字。	17
十六	42	27	上截存25字及其下孤存『股稽』2字，下截无存字。	15
十七	42	26	上截存25字及其下孤存『方』字，下截无存字。	16
十八	43	26	上截存26字，下截无存字。	17
十九	42	26	上截存25字及孤存『佛』字，下截无存字。	16
二十	42	25	上截存24字及『乎』字右半，下截无存字。	17
二十一	42	24	上截存23字及『自』字右半，下截无存字。	18
二十二	42	22	上截存20字及『闻命』2字右半，下截无存字。	20
二十三	6	6	上截存6字，下截无字。	
二十四	10	10	上截存9字，其下存『建』字下小半。	
合计	817	488		329

根据本表统计，残碑今存字数为488字，占原有字数817字的59.73%；剥脱字数329字，占原有字数817字的40.27%。同时可知，碑文剥脱之字分别集中在各行第20字或第26字以下，属连片剥脱。

（六）存字刻工考察

今存碑文488字，就其中完整单字来看，每字皆斜刀入石，斜切面略呈弧形，切口线条流畅，棱角分明，干净利落，绝少崩脱。底部深浅随笔势重轻适度变化，恰到好处地体现了走笔气韵。尤其是一些行楷，在刀法处理上更见功夫，笔画自如，牵丝精妙，气势不凡。就连篇来看，布局整齐，且有较强的艺术性和表现力，完善地体现了『赵体』的基本风格。

当然也发生了第十八行第六字『而』那样的『怪字』（后文再细说），但瑕不掩瑜，就总体而言，残碑存字书迹的刻工技艺，足见其精雕细刻的工匠精神。可以想见，这位石工应当是一位刻碑名家。如果将他的刻工技艺，与吴澄的美文、赵孟頫的书法以及袁桷的篆额合称为元碑『四绝』，似不为过。只惜碑文中未见这位石刻名家署名，无以查考其人。

附一：元刻残碑存世原石（照片）

上截右侧面

上截碑顶

上截断面

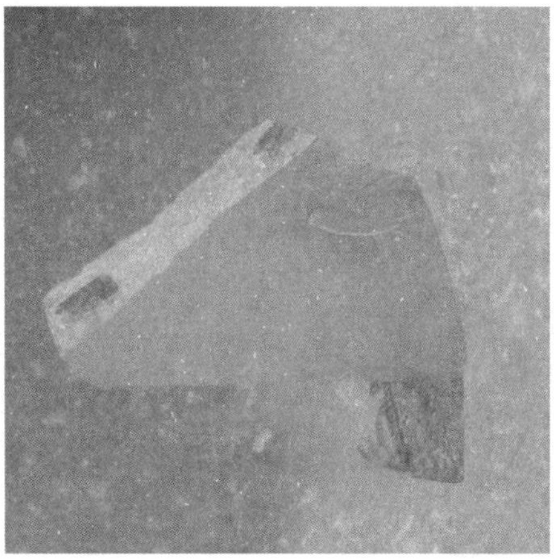

下截之右

下截之左

附二：元刻残碑碑拓影印

大瀛海道院記
集賢
翰林學士承
集賢直
奉
外際乎天內包乎地三旁無根而下無底者大瀛海也非神
而有客授予大瀛海之圖爲之矍然以驚謂客曰此惡可圖也
沙淺土之上一勺之沮洳一掬之埆瘠夫豈沖和清淑明秀靈異
而冒之以是名也又爲之喟然以吁授圖者曰達人奚索之之
山有縣縣之東二十里曰爵溪潮汐齧衝賈舶絡繹東望日本
其民至于今好仙道而其鄉曰遊仙至元庚寅鄉之人王翁棄
善書之人嘗有大瀛海三字購而得之因以爲扁大德丁未天台
一見而莫逆也遂與共處王逝而呂嗣主教者命之世守方將滄
圖以來蟻之於垤也雛之於殼也奎蹄之如廣宮大圃也亦各適
士與語曰予生長海濱請爲予竟瀛海之說禹貢敘事至說于
北相通也而西海北海人所不見何也西北地高或踞高窺下
界海水旁溢不啻萬有餘里中國之地廣輪方三千里耳而東連
者二十而羨其間洲島國土不可勝窮若三神山者蓋不知其幾
人跡之所不及爲惟長年度世之流形質銷鑠神氣澂凝逍遙飛步
庸行而休開氣秉絕識超越凡庶萬萬也企而慕之者人人而然
營營卒與[illegible]奚翅之類俱爲塵泥其亦可哀也夫今予出
大其居久其名之爲務我必有事焉可也他日朝燕暮越觸自
笑下戲人間自稱回道人非予也耶道士改容曰敬聞命
延祐第六春也
至治二年二月十九日

附三：元刻残碑浮雕图饰影印

右图：巨虚

左图：凤戢

第四节　旧传碑拓考稽

因为残碑今存字数仅为488字，只占原有字数的59.73%，所以若仅凭今存残碑之碑拓很难还原元刻原碑的历史面目。这让我联想起了在杭大工作时听到的北京鲁迅专家所说的那则讯息。心想，如果能稽查到此碑由前人拓存的碑拓，其存字肯定会比今存字数来得多，原碑的历史面目也就可以看得更全。

（一）鲁迅碑拓考稽

这是我首先考稽的一个方向。因为2013年下半年曾从《随笔》杂志第4期（总第207期）中读到王得后的《写在强英良先生〈鲁迅藏碑拓研究〉后面》一文，得知北京鲁迅博物馆文物保管部已于2008年初步整理馆藏的全部碑拓，数量多达6000件，分为刻石、吉金、陶文三大类。其中刻石拓片『涵盖碑碣、汉画像、摩崖、造像、墓志、阙、经幢、买地券。……范围之广，数量之多，可见功夫之深』。『有的石刻拓片上留有鲁迅批注。』而张英良先生则『穷二十年苦功，研究鲁迅这一收藏，……撰成《鲁迅藏碑拓研究》』。据此，立刻上网查考，得知《鲁迅藏碑拓研究》一书已由故宫出版社于2013年4月出版。但电话询之故宫出版社，已出的《鲁迅藏碑拓研究》并无《大瀛海道院记》元碑碑拓，也许是因为鲁迅博物馆尚未提供给张英良先生，要等日后所出的『续编』了。于是立即嘱托象山县政府驻京办事的工作同志，请他前往鲁迅博物馆查询。得到的答复是：『鲁迅先生收藏的碑拓太多，一时无法检索，要等以后正式出书了。』

（二）陈汉章碑拓考稽

既然鲁迅的碑拓一时不能查到，而我又不能再等，所以又转向查考本县陈汉章先生有无《大瀛海道院记》元碑碑拓。因为我在2012年撰著《唐明州象山县蓬莱观碑文考释》一书时，发现浙江图书馆于1951年11月曾从本县东陈村经史学家陈汉章故居『缀学堂』提取去金石拓片105张，后来即通过象山县图书馆从『浙图』查到过《蓬莱观碑》残碑拓片。陈先生所藏的105张金石拓片中会不会还有《大瀛海道院记》旧时碑拓呢？于是请『县图』与『浙图』联系后，得到的答复是：『汉章先生有此碑拓，但古籍部尚未整理，目前还不能提供读者查阅。』这让我『又是欢喜又是悲』，只能耐心等待。直到2014年7月，本县举行『陈汉章先生诞辰一百五十周年纪念大会暨《陈汉章全集》首发式』，『浙图』派来代表出席。我遂与之洽商，可否让我先拍摄这张碑拓的照片，用于本书作为实证。那位代表满口应承：回去后与古籍部沟通，再作答复。

2015年1月，从『浙图』古籍部传来消息，说是《大瀛海道院记》元碑碑拓已经清理完毕，可以提供查阅了。因此，遂约同县文化局和『县图』负责同志前往古籍部检索查阅。这张碑拓，系由上下两张古宣纸拼接拓成，品相完好，墨色如新，不仅拓出上部连篇存字，而且还拓得碑右下方孤存之字，存字要比今存残碑多49字。我们在仔细察看之后，拍了全张照片（见本节附一）。

（三）北大图书馆藏碑拓考稽

也是在2014年7月那次纪念陈汉章先生活动期间，北京大学原常务副校长郝斌教授以及图书馆原馆长林被甸教授等应邀出席。林教授原籍象山，一直十分关心家乡文教事业，与我相熟。我也因为2012年撰著《唐明州象山县蓬莱观碑文考释》时得知北大图书馆有『金石专藏』，并从中引用过《蓬莱观碑》一张碑拓。所以，便向林教授询问北大图书馆『金石专藏』中有无《大瀛海道院记》残碑碑拓。当我问及此事，他感到十分惊喜，因为他就是爵溪人，早年读小学时也曾摹拓过《大瀛海道院记》碑，所以欣然答应回京后一定去学校图书馆稽查，如有此碑拓，立即扫描寄来。

同年8月，林被甸教授果真寄来北大图书馆『金石专藏』tp38750号缪荃孙『艺风堂』和tp38751号张仁蠡『柳风堂』旧藏的两张元刻残碑碑拓的扫描光盘。这着实让我高兴！

缪荃孙(1844—1919)，字炎之，号筱珊，晚号艺风老人，江苏江阴人。官宦之家出身，十一岁修毕『五经』，十七岁侍继母避太平军之乱，居淮安，入丽正书院习文字学、训诂学、音韵学。二十一岁举家游宦四川成都，继习文史及文字考订。光绪二年（1876）登丙子科进士第，选授翰林院庶吉士。散馆授编修，事编撰、校勘十余年。十四年（1888）出任江苏南菁书院山长。十七年（1891）北上执掌山东泺学书院。二十二年（1896）回南京任钟山书院山长，兼掌常州龙城书院。二十七年（1901）任江楚编译局总纂。翌年，钟山书院改为江南高等学堂，任学堂监督。二十九年（1903）推行『癸卯学制』，废江宁学堂，创『三江师范学堂』，任堂总稽查，赴日考察学习。回国后，仿日本东京大学，以南京古国子监创筑新校。三十二年（1906）得悉藏书家丁丙去世，其『八千卷楼』藏书或将被日本『静嘉堂文库』购去，即筹款7000余万元将其买下，运至南京珍藏。三十三年（1907）受聘建『江南图书馆』（今南京图书馆前身），出任总办。宣统元年（1909）受聘担任『京师图书馆』（今北京国家图书馆前身）正监督。民国三年（1914），参修《清史稿》。八年（1919）病逝于上海。他一生博涉群籍，长考据，通训诂，尤精金石之学，是清末民初著名藏书家、中国近代公共图书馆事业『开山之祖』。据史料显示，他曾于宣统元年（1909）和民国初年，两次赴甬登临宁波天一阁藏书楼访书。其『艺风堂』所藏《大瀛海道院记》元刻残碑碑拓，也许就在这时收得，后归藏北大图书馆。这张拓片，虽然未拓篆额两侧浮雕图饰，但对照今存残碑字面，要多45字。而且墨色适宜均匀（见本节附二）。

张仁蠡（1900—1951），字范卿，号柳风，河北黄皮人，清末湖广总督张之洞第十三子。民国初任职于北京政府教育部，后历任鄢城县知事，永清县、霸县、丰润县长。『华北事变』后，投靠日本侵略军，出任伪冀东防共自治政府民政厅厅长，并奉命组团访日。抗日战事爆发后，任华北伪新民会副会长。1939年4月又任伪武汉特别市市长。后历任伪国民党中央委员、伪新国民运动促进会委员、伪全国商业统制总会武汉分会副委员长、伪天津市市长兼伪华北政务委员会委员。抗战胜利后，以汉奸罪被捕下狱，1951年被判处极刑。他是民国时期收藏名家之一，金石碑拓藏品达4500多种。抗战胜利被捕时，其藏品由国民政府全部没收并移交北京大学文科研究所，后转至北大图书馆『金石专藏』。其所收之《大瀛海道院记》元刻残碑碑拓，不仅品相较好，字迹清晰，存字也比今存残碑多45字（见本节附三）。

在得到陈汉章、缪荃孙、张仁蠡旧藏三张碑拓后，北京鲁迅博物馆仍无消息，因此不再等候。即就所得三张碑拓影印件，与今存残碑拓片相比较，其中存字以陈汉章先生『缀学堂』旧藏碑拓为最多，比今存残碑拓片多49字。这样，如今可以看到的元刻原碑碑文，存字总数已达537字。占原有总字数817字的65.73%。

令人感到欣慰的是，在陈、缪、张旧藏碑拓中，可以见读残碑原石已剥脱的一些书迹。比如：碑文标题『大瀛海道院记』六字，三张碑拓均有所显示。虽然『大瀛海』三字也有部分剥脱，但仍可读识其字形。『道院记』三字则完整清晰。在张仁蠡旧藏碑拓第三行中，见读了『知』字痕迹。可知书碑者赵孟頫署名中尚有『知制诰』一职职衔，而非明碑所刻的『荣禄大夫』。第四行篆额者署名中，也见读了『议』字之上半。可知袁桷署名中有『奉议大夫』，而非明碑所刻『奉训大夫』。由此推断，撰文者吴澄署名中应是『集贤直学士、奉议大夫』，亦非明碑所刻『奉训大夫』。而『奉议大夫』一职，又与元延祐《四明志》所记相合。另外，在碑文之后的建碑年月日之下，陈汉章、张仁蠡旧藏碑拓所显示的是『建』字之右小半，可知此为『建』字，而非张明珠《碑考》所言『仅一横笔画』。

附一：陈汉章『缀学堂』旧藏碑拓影印

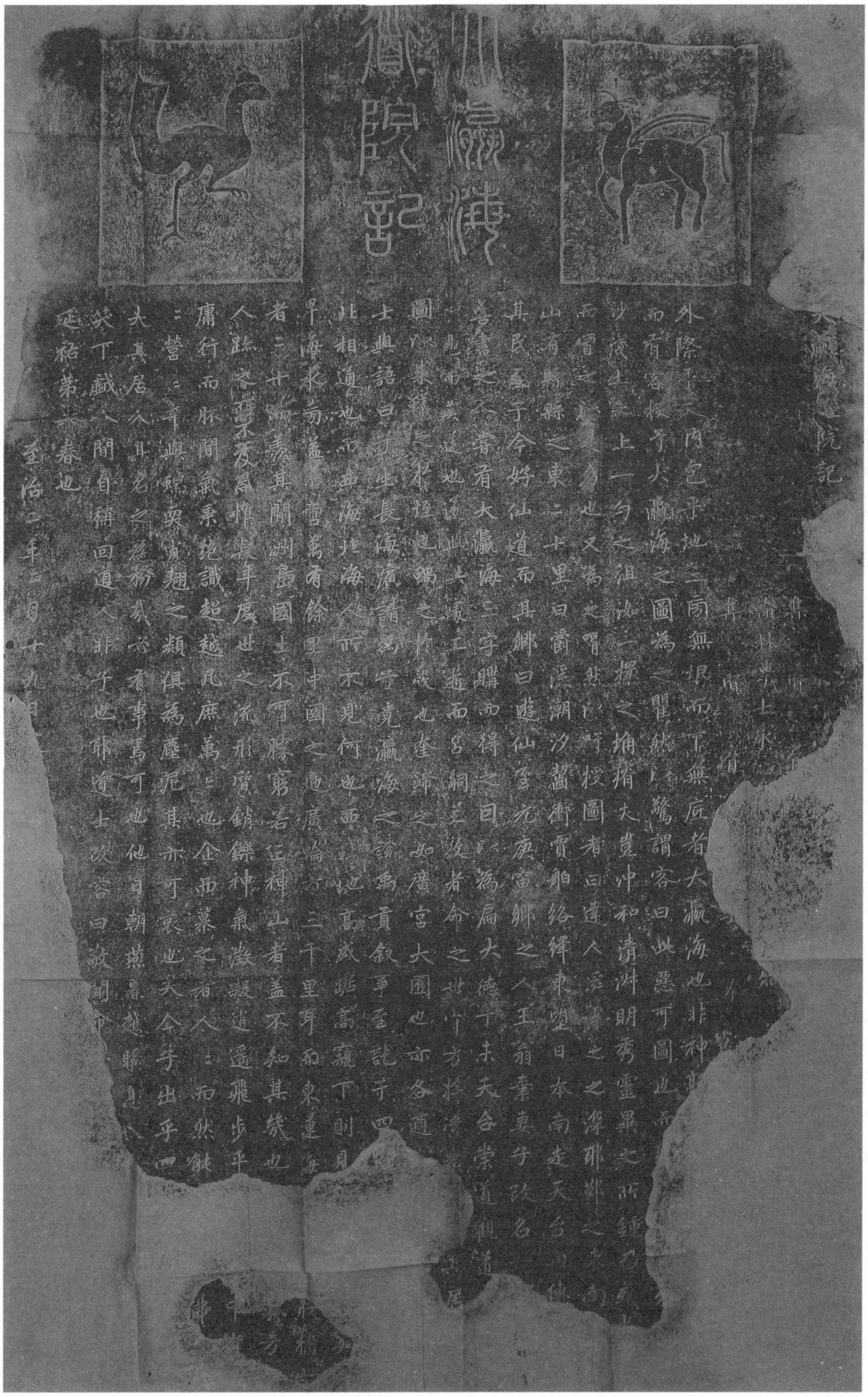

附二：缪荃孙『艺风堂』旧藏碑拓影印

附三：张仁蠡『柳风堂』旧藏碑拓影印

第五节　残碑书迹读析

在考察元刻残碑和考稽旧传碑拓，掌握元碑碑版基本情况之后，本节拟对残碑今存的袁桷篆额书迹和赵孟頫碑文残存书迹，分别作此考读与评析。尤其是『赵体』之书体考辨、书法风格特点和书学价值之读析，是本次考读与评析的重点。因为这直接关系到元碑的书学历史地位之判定。

（一）袁桷篆额书迹读析

篆额，是碑石上端用篆书题写的碑文名称。篆书，相传由秦始皇丞相李斯将籀文简化而来，始称『秦篆』，后称『小篆』。从而，以籀文为『大篆』。入汉后，文字学家许慎著《说文解字》，收小篆9353字。自此，世人遂以小篆通称篆书。其长与宽的比例，一般为1:0.63。

元刻残碑今存之袁桷所书篆额『大瀛海道院记』六字，据本次实际测量，每字均长9.5厘米，均宽7厘米，其长与宽之比约为1:0.74。因而更显方圆兼济（见本节附一）。

但是对照《说文解字》所收之小篆，这六个篆书书体，有两处不尽相同：一是第一字『大』，《说文解字·卷十下·大部》的『大』字解说是：『天大、地大、人亦大，故「大」象人形。』而袁桷所书之『大』，似更具人之象形：有头，有两手、两脚。二是第四字『衙』，《说文解字·卷二下·辵部》未见此字，而只在『道』字的解说中称『所行「道」也』。再考此书同卷『行部』，亦未见有『衙』。后来，方从《汉语大字典》中查到『衙』字释文：『衙，同道。《龙龛手鉴·彳部》：「衙，古文道，术也。道路也。」』由此可知，袁桷之所以不写『道』，而写『衙』，乃是因为此字别有『术也』之义，亦即『道术』。因而更使此一篆额贴近道院所宗之主旨。其余『瀛』『海』『院』『记』四字，均可在《说文解字》中查到同体小篆。

关于袁桷所书篆额书迹，不见前人曾有评说。唯张明珠《碑考》有其一说：『袁桷篆额仅六字，虽然上石镌刻，下真迹一等，但仍能反映其篆书功底。从风格看，取法李斯《峄山碑》和《会稽石刻》，并融入唐李阳冰的篆法。用笔圆润挺劲，充分体现「玉箸」特点。横竖使转时略驻后前行，方圆兼济，凝炼静穆。结字上实下虚，偏旁繁简组合，笔画斜正处理均极妥帖。置李斯、阳冰书迹似难彼此。』

读明珠同志此一评说，再比对李斯为秦始皇巡行峄山颂秦德所书刻石《峄山碑》和为秦始皇东巡登会稽山祭夏禹颂秦德所书刻石《会稽石刻》，以及唐右丞相李阳冰（诗人李白之从叔）所书碑刻《怡亭铭》等，就袁桷所书篆额之功底与风格而言，可谓恰到好处。不过，若称之为『充分体现「玉箸」特点』及与『李斯、阳冰书迹似难彼此』，我却有些不敢苟同。因为『玉箸』又称『玉筋』，系指李斯小篆。唐李阳冰擅长篆书，笔致清峻，学李斯小篆颇为得法。同时期的齐己即有『玉筋真文久不兴，李斯传到李阳冰』句。但李阳冰在学习传承中，又独创一格。今传其《怡亭铭》所显示的风格，比之李斯更有『唐篆』之特点。

据此，我则更倾向于古人对袁桷书法的总体评价：『书从晋唐中来而自成一家。』作为戴表元之门人，他在治学方面继承了戴的『宗唐得古』思想，力扫南宋卑弱之习气，提出『广博以求，不可拘泥』的主张。因而在史学、文学、书法等领域都取得了相当的成就。他的书法，与赵孟頫一样，篆书法尊《石鼓》《诅楚》，行草崇『二王』，又借鉴晋唐以来诸家风格，形成了自己用笔、结字的个性特点。存世书迹有《同日分涂帖》《旧岁北归帖》等。今宁波天一阁碑林尚存其元至大三年（1310）所书之任仲高撰《庆元路学重建大成殿记》碑。但是，由他题写篆额却不多见，至今仅见《大瀛海道院记》一碑。因此亦显珍贵。

（二）赵孟頫碑文书迹读析

首先，对赵孟頫所书碑文书迹的书体作一考辨。

也许是因为说者不曾读识残碑书迹，对于赵孟頫所书碑文之书体说法历来不一。清乾隆间由学者刘墉、纪昀和钱大昕整理的《续通志·卷169·金石略》中记：『《大瀛海道院记》，吴澄撰，赵孟頫正书。至治二年，象山。』而同一时期，钱大昕在所著《潜研堂金石文目》中却说：『《大瀛海道院记》，吴澄撰，赵孟頫行书，至治二年二月，在象山县。』前者说『正书』，后者却说『行书』，二说不一。民国《象山县志·金石志》则又说：『赵书正而兼行，故《金石略》以为正书，《潜研》以为行书。』此说虽然明言碑文的书体是『正而兼行』，但又对刘墉、纪昀与钱大昕之说兼收并蓄，似乎模棱两可。由我主编的1986年《象山县志》本应传承前志『赵书正而兼行』之判断。然而，却也因为未曾细察残碑存字而误称『赵孟頫正书』，并且还脱离实际地说：『字体圆润流畅，颜筋柳骨，显其熟中有生、楷中有行之风格。』如今观之，作为主编，自然不胜愧惶！

其实，正书与行书是两种不同书体。正书，又称楷书或真书，字形方正，笔画平直，即所谓『正楷』，意为可以楷模，故名。而行书，则介于草书与楷书之间，字形虽也大体方正，但为书写便捷起见，笔画可以相连或者带些牵丝作为过渡。因此，行书与正书是不能模棱两可的。据此界定，再来考辨原碑残存碑文书体，可见通篇以正书为主，间或伴以行书。一如张明珠《碑考》所言：『书体为楷书兼行，且大部分字楷书，小部分字行书，单个行书也只略带牵丝。』

『正书而兼行』或『楷书兼行』，这可以从元刻残碑碑文第五行至第二十四行残存书迹的字里行间分别得到印证。现将这些碑行的残存字数和其中判定为行书之字，以及行书字数、所占百分比，列表如下：

行别	残存字数	其中判定为行书之字	行书字数	百分比
五	25	内、旁、底	3	12%
六	26	有、授、然、此	4	15%
七	26	撮、瘠、淑、秀、灵	5	19%
八	26	是、然、达、奚	4	15%
九	24	有、潮、络、绎、望	5	21%
十	25	民、至、今、至、元	5	20%
十一	25	善、书、有、因、末	5	20%
十二	25	逆、遂、处、世、将	5	20%
十三	25	来、蚁、於、蜗、於、壳	6	24%

续表

十四	24	与、滨、说、至	4	17%
十五	25	相、通、西、所、西、或	6	24%
十六	27	旁、溢、万、有、馀、国	6	22%
十七	26	国、胜、穷、若、知	5	19%
十八	26	迹、所、及、度、世、流、形、凝	8	31%
十九	26	绝、超、越、万、然	5	19%
二十	25	卒、与、肖、翘、今	5	20%
二十一	24	其、哉、有、焉、越、瞬	6	25%
二十二	22	笑、戏、称	3	14%
二十三	6	祐、第	2	33%
二十四	10	至、治、月	3	30%
合计	468		95	20%

尽管上表所列各行仅为碑文正文的残存字数，并非全文；『其中判定为行书之字』又是较为典型者，尚不包括有些带行书笔画的正书，但就总体而言，正书约占80%，行书仅为20%。可见碑文书体『正书兼行』或『楷书兼行』是合乎实际的。这也合乎赵孟頫『尤精于正书、行书』之特长。

通观残碑正文存字，字径一寸，虽为大字，但字字圆转遒劲，严谨雅致，可谓『赵体』韵味十足。不过也发现第十八行第六字『而』，刻作『及而』上下相叠的一个『怪字』——『』。细而察之，『所、不、及』三字之间碑版，有明显的铲磨重刻痕迹。据此分析，可能是因为赵孟頫晚年患有眼疾，在书写碑文时漏了『而』字。后来发现漏字，随手在『及』下补一『而』字。而石工在刻碑时未引起注意，照刻了这个『怪字』。后来发觉漏了『及』，遂铲磨『所』『不』两字，加刻『及』字，而未对那个『怪字』进行铲磨重刻，以至留存于今。这也是第十八行多一字的因由所在。

同时，还发现今存残碑书迹中尚有一些字体，赵孟頫系依据古体字或古体之变体书写。例如：

第五行第十字和第十六行第四字『』，是依据《说文解字》『旁』之小篆字形而书写。

第七行第二十一字『』，是依据西晋太学遗址《辟雍碑》碑阴之『淑』字写法而书写。

第十行第十八字『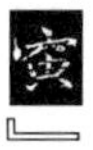』，是依据《敦煌变文集》『寅』字之写法而书写。

第十一行第十六字『』，是依据古体俗字『因』之写法而书写。

第十二行第五字『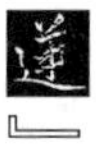』，是依据东汉《曹全碑》『逆』字书体而书写。

第十七行第七字和第二十二行第五字『』，是依据《说文解字・门部》古文『间』书写。释文：『隙也，从门从月。』后世表示间隙、间隔，别造一从门、从日的『间』字。

第十七行第九字『』，是依据《说文解字・山部》『岛』之小篆字形而书写。

第十八行第二十一字『』，是依据《说文解字・水部》写法而书写。释文：『澂，清也。……今俗作澄。』故吴澄之『澄』，有些文本亦写作『澂』。

第十九行第四字『』，是依据《说文解字・肉部》写法而书写。释文：『肧，妇孕一月也。』

第二十二行第三字『』，是依据《睡虎地秦简・四六・第三四》隶书以及《说文解字・戈部》小篆之变体而书写。

第二十三行第三字『』，是依据《干禄字书》『第，次第字。上俗、下正』之写法

而书写。

如此等等，还有一些。

至于残碑因剥脱而佚，而明碑碑拓却有显示的古体字或古体之变体，待后文再读析。

其次，对赵孟頫所书碑文书迹的风格特点作些读析。

赵孟頫是元代书画巨匠，元仁宗曾称他『书画绝伦』。元人陶宗仪亦称：『（孟頫）以书法称雄一世，画入神品。』他的书法用笔圆转流美，骨力秀劲，世称『赵体』。《元史·赵孟頫列传》则言其『篆、籀、分、隶、真、行、草书，无不冠绝古今，遂以书名天下』。他的篆书法尊《石鼓》《诅楚》，隶书法梁鹄、钟繇，行草崇『二王』，晚年又受李邕书风影响，行草更具特色。传世遗墨之声誉，历元、明、清、民国而不衰。印度、日本等国均以收藏其翰墨为贵。

据张明珠《碑考》述及，书学界多将赵孟頫书法分为四个时期：盛年（45岁前），为其书法学习期；中年（45至55岁），为其书法成熟期，初步形成姿媚丰润的风格；中晚年（55至60岁），为其书风由姿媚蕴藉向刚劲挺拔转变期；晚年（60岁至辞世），为其书风纵放雄健期。

《大瀛海道院记》碑文书迹，正是赵孟頫晚年纵放雄健书风的完美体现。从碑版存字整体看，布局严谨，书迹苍健，充分显示其人其书俱老之魅力。既不失道院碑碣严谨庄重之相对规整，又具有洗炼俊逸之神妙情趣。真可谓一丝不苟，一气呵成。俊气、韵味、功力贯穿始终。再从用笔看，古淡流畅，笔圆体方，起止搭笔，不乏牵丝。真可谓干脆利落，恰到好处。从结字看，提捺转折，和谐协调，变中不变，复归平正。存字中诸多相同之字，如『海』『人』『为』等，均以一体书写。尤其是22个『之』字，仅一字反捺；7个『大』字，也反捺不多。真可谓不嫌重复，自然洒脱的典范之作。

再次，对碑文书迹的书学价值与地位作些读析。

赵孟頫既是『以书名天下』，此碑书迹的书学价值显而易见。就象山而言，存此书迹乃是县之大幸！它是象山历史文化底蕴的一个闪光点，照彻了元朝时期汉文化的一个高峰。况且，爵溪地处海隅，道院又以『大瀛海』命名，这一高峰实即海洋历史文化的一大支柱，对于建设『海洋文化大县』无疑有着极其重要的历史价值。

顺此，必须一提的是，《大瀛海道院记》建碑仅四个来月，赵孟頫即因病而卒。从前，书学界一直以为赵孟頫撰并书之『张留孙碑』（全名《玄教大宗师张公碑铭》）比《大瀛海道院记》碑更晚。前些年书法家王连起先生经考证，认为『张留孙碑』并非赵氏所书（见王连起《传世赵孟頫书道教碑真伪考》）。其实，今宁波天一阁博物馆《天一阁碑帖目录汇编》（骆兆平、谢典勋编著，上海辞书出版社2012年3月第1版）也记载，『张留孙碑』虽为『赵孟頫撰并书』，但时间却是『元天历二年（1329）』。而这时，赵孟頫已故世七年之久。此一记载，也足以证明『张留孙碑』并非赵孟頫所书。既然如此，《大瀛海道院记》碑之书迹，也就成了赵孟頫大字书法之『绝笔』（见张明珠《碑考》）。所以，《大瀛海道院记》残碑书迹的书学价值与地位更为突显。

有鉴于此，现将残碑上截连片碑拓所存书迹与陈汉章、缪荃孙、张仁蠡旧藏碑拓所能见读之字，『合四为一』，用电脑作一整理，以供书法研究专家用以鉴赏与比较研究，亦可作为广大书法爱好者鉴赏及临摹的碑帖（见本节附二）。

附一：元刻残碑篆额影印

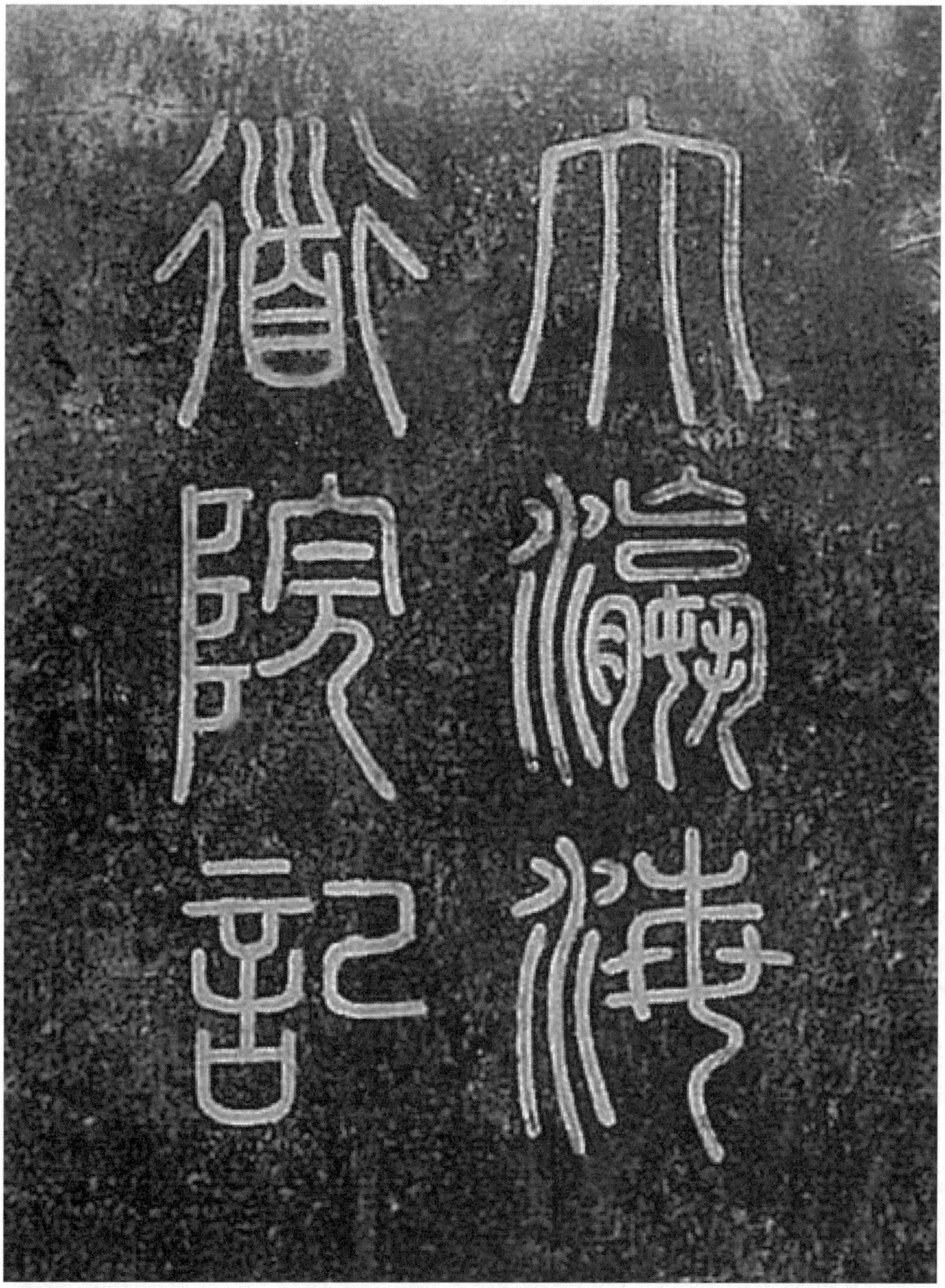

大瀛海道院記
外際乎天內包
乎地三扃無垠
而下無底者大

此处佚十九字

白此惡可圖也
而
此处佚十七字
沙淺土之
上一勺之沮洳
一撮之埆瘠夫

豈沖和清淵明
秀靈異之所鍾
乃成　　而冒之
以是名也又為

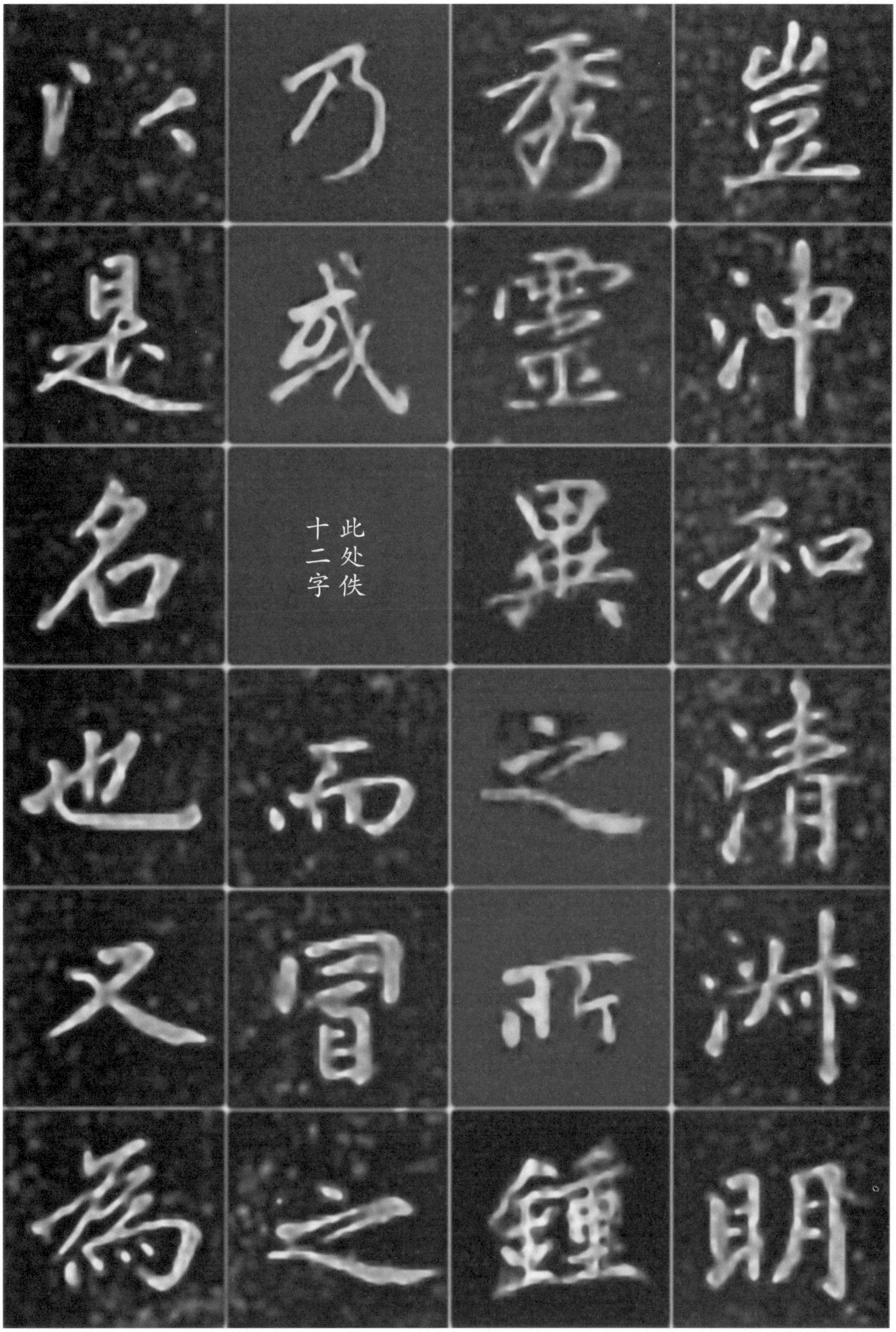

（此处佚十二字）

之謂然以呼授
圖者曰達人奚
索之之深耶鄰
之東南
此处佚十二字
山有

縣縣之東二十
里曰爵溪潮汐
趨衝貫船給繹
東望日本南走

天
台
世
傳
此处佚十二字
其
民
至
于
令
好
仙
道
而
其
鄉
曰
遊
仙
至
元
庚
寅
鄉

之人王翁棄妻
子政名一
此处佚十三字
善
書之人嘗看大
瀛海三字贈而

得之曰以爲扁
大德丁未天台
崇道觀道
此处佚十三字
一
見而莫逢也遂

此处佚十六字

此处佚十七字

此处佚十七字

北相道也而西
海北海人所不
見何也西北地
高哉踞高窺下

则 溢不 里中 轮
（此处佚十七字）
畀海水阔 常万之 国中 方
 者徐 之地广 三千里耳

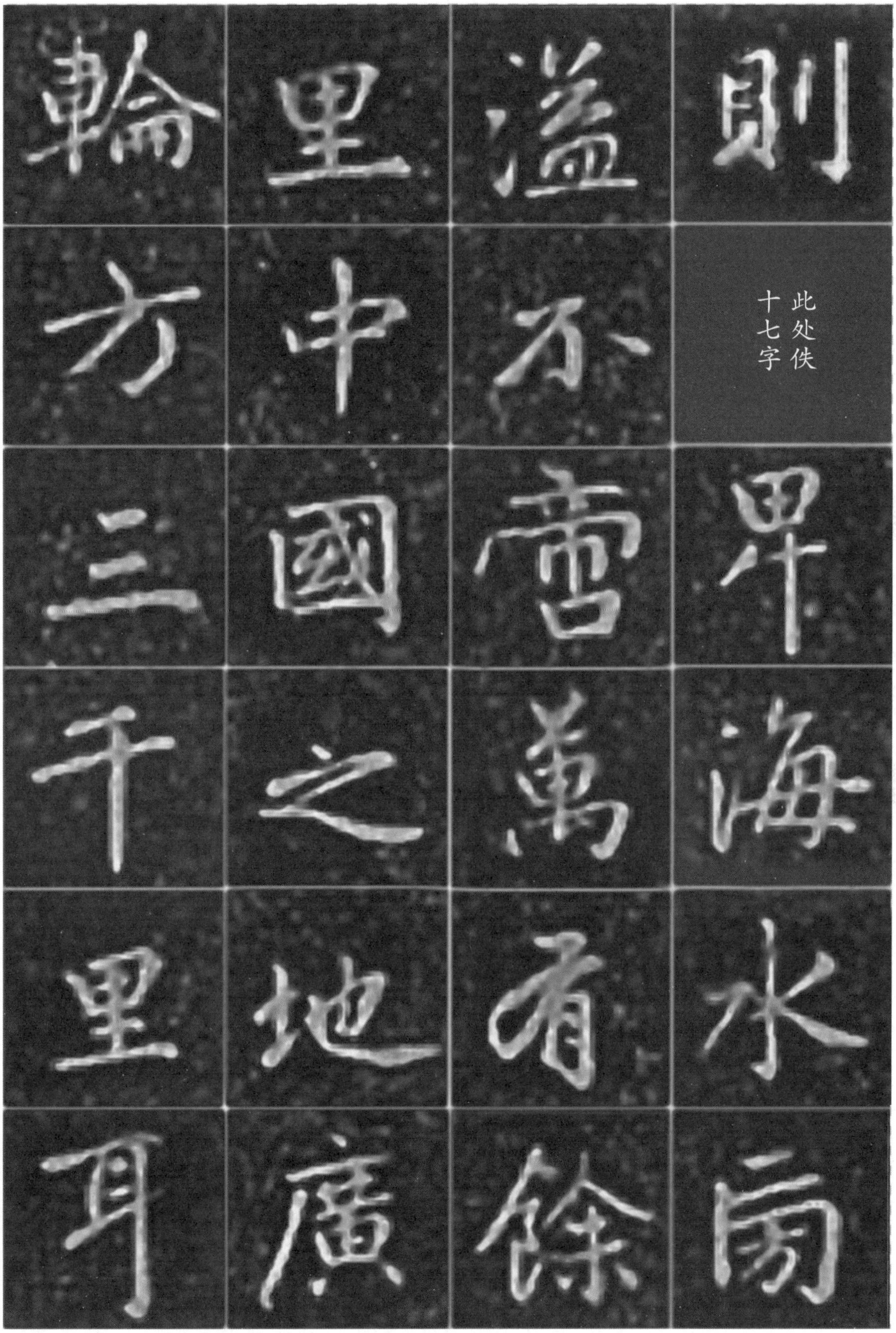

此处佚十六字

者蓋不知其幾
此处佚十七字
人跡之所不
及爲惟長年度
世之流形質銷

鑠神氣澂凝道
遥飛步乎
此处佚十六字
庸
行而脈開氣秉
絶識超越凡庶

万之企而慕
之者人二
瑞奠肖翘之颣
此处佚十七字
二营二平与
迩企而然

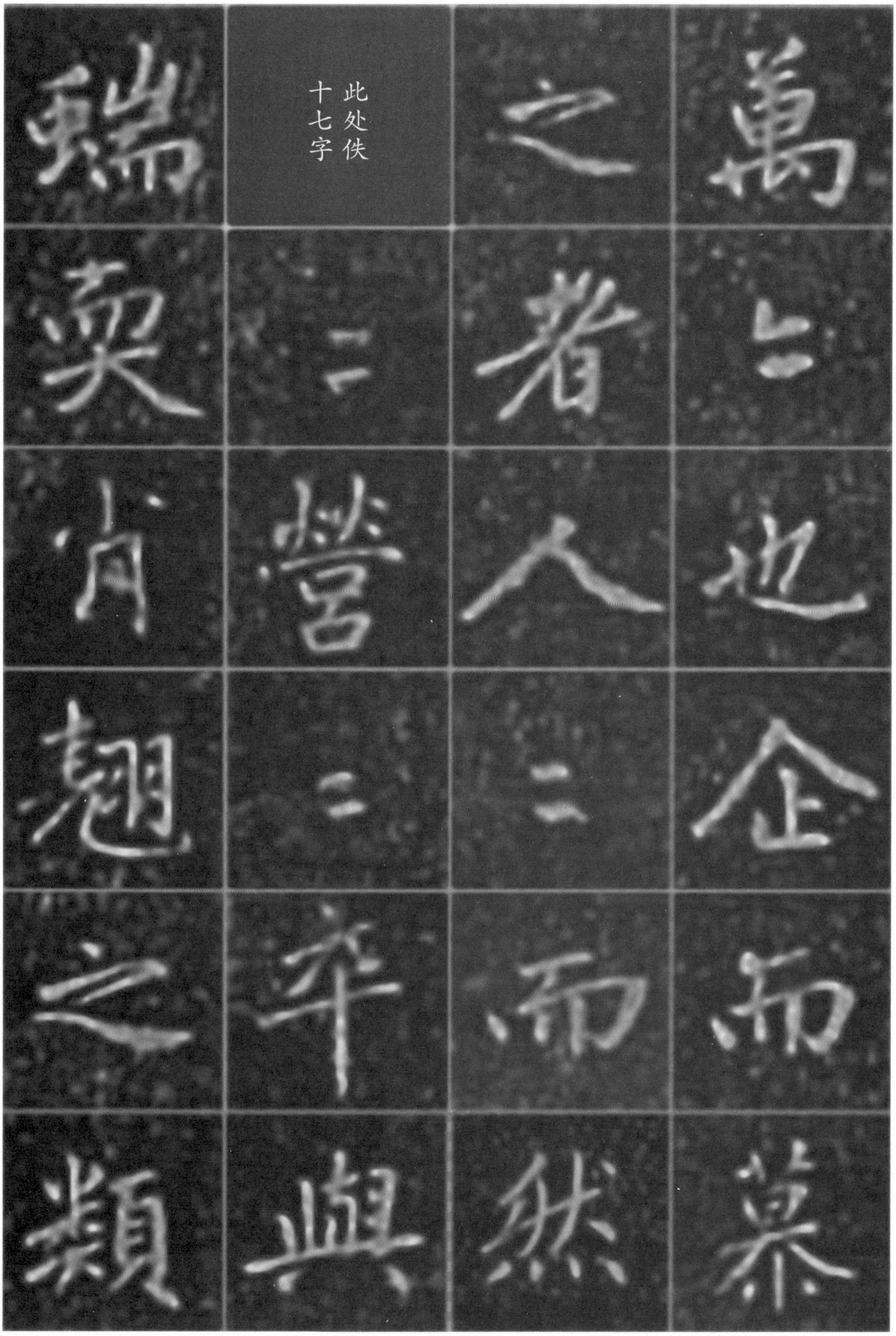

俱為歷泥其亦
可哀也夫令兮
出乎四
此处佚十六字
大其
居久其名之為

戏人间自称回　暮越睇　笑下　可也他日朝燕　務哉心有事焉

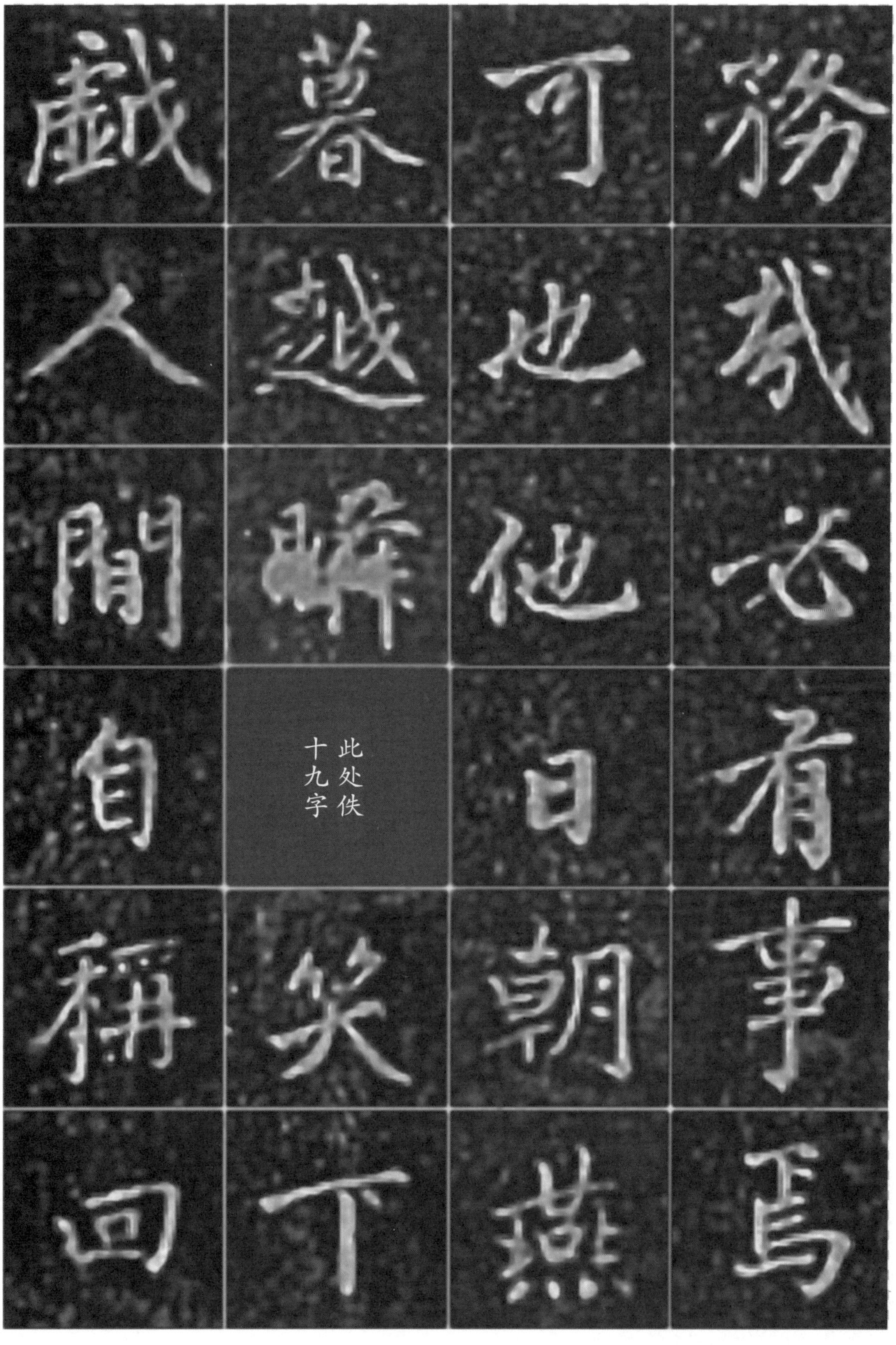

此处佚十九字

道人非乎也耶
道士改容曰敬
閒命
此处佚二十字
延祐萬
六春也至治二

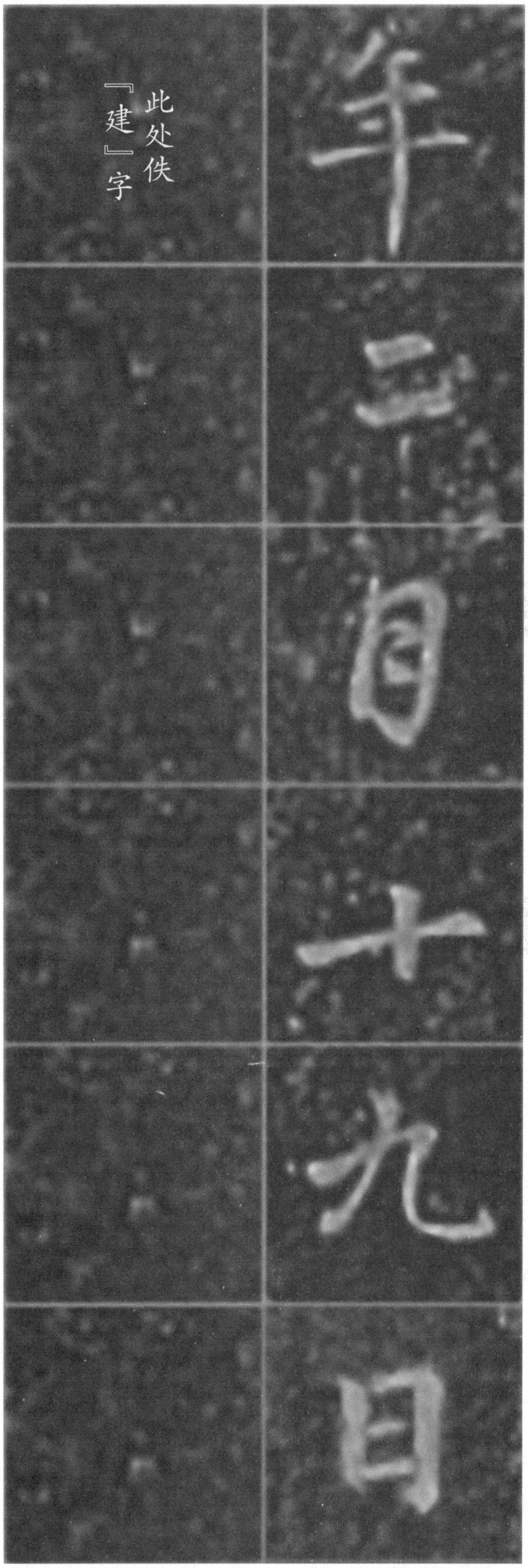
此处佚『建』字

第三章　明重刻碑考读

『万历丙午岁孟冬之吉重立』的《大瀛海道院记》碑，亦即明重刻碑，作为元刻原碑之再造，其文物价值自然不及元碑。况且此碑已于『文革』之初被毁，今已无以凭读。然而，回忆起来，我倒与这方明重刻碑曾经有过一面之缘。那是1964年上半年，我妻在爵溪中心小学任教。一天，去爵溪公社考察『耕读小学』（当年提倡农村办半耕半读小学），顺路去看望她。就在她宿舍楼下，望见了操场东侧残墙间有两方古碑。当时天下着小雨，这两方古碑都湿漉漉的。我撑着雨伞上前去看了一下，只见右边那方古碑是《大瀛海道院记》碑。左边那方不知是什么碑，因为雨大了起来，未及细看，就回丹城了。这以后，我一直以为那方《大瀛海道院记》碑就是元碑。后来听说那方古碑被砸了，而元碑尚存。这才知道我曾见过一面的那方古碑是明重刻碑。同时，还听说左边那方古碑是昌国卫榜眼邵景尧所撰的《吴侯惠政记》碑，也一起被砸了。

明碑虽已被毁，但宁波天一阁博物馆至今仍藏其碑拓（详见本书前插页）。这张碑拓品相虽然欠佳，局部书迹不甚清晰，但尚属完整，基本反映此碑全貌。尤为难得的是，能够从中读识元刻原碑碑文之全文，可以弥补元刻残碑剥脱之字的缺失。因此，其保护和传承历史文化之功显而易见。

鉴此，在考读元刻残碑的同时，自然有必要对明重刻碑也予以考读。本章主要对明重刻碑的重刻背景、碑拓篆额、浮雕图饰、碑文书迹以及文后的《附记》，分别予以考释与解读，以从中了解元明两碑之间的内在联系与异同。

第一节　重刻背景考略

明重刻碑，是特定历史背景下的特殊产物。当年若不是吴澄的『宝水宗裔』吴学周来象山任知县，或者若不是吴知县对其先祖的『流风遗教』有深刻的感念，就不可能有『命工改镌』之举。

（一）吴学周及其『宝水宗裔』背景考略

关于吴学周，旧修《象山县志》多有记载。尤以民国县志为最详，不仅在卷二十一《名宦传》中为他立了传，又在卷三十一《文征内编上》中收录了邵景尧的《吴侯惠政记》。还在卷三十二《文征外编上》中收录的周应宾《重建丹山石屋记》和《吴公去思记》中分别记有其人其事。

该志《名宦传》云：『吴学周，字养台，崇仁人，由选贡任知县。下车即修邑乘（即县志），人称其知大体。首浚大河（即南大河），溉田六万亩。又以河道直冲县治，导之纡回。近城有虎患，祷于城隍神，数日皆殒。邑人渡海赴郡，每伺潮汐，经宿方得登岸。乃于港外凿山成径，行旅便之，名曰「吴公渡」。司寇钱唐有卫道功，配享孟庙，而邑无专祠。学周曰：「非所以崇明德也。」牒上官，建祠并置祀田。纂修邑乘（即万历三十六年之《象山县志》十六卷），广为搜辑，一出自公，邵景尧为之序。节爱恤民，广大造士，修学举废，事事备兴。其惠多矣，宜士民世祀焉。』

另据该志卷五《职官表》等记载，吴学周于明万历三十四年（1606）任象山县令，至三十六年（1608）迁『温丞』（即温州府同知），在任三年。离任后，县民于治西（今丹西街道西街平水庙遗址之东）立『吴公祠』，奉其像以祀。此祠至清康熙元年（1662）始由象山左营都司朱道浚改为『三官庙』，置吴学周像于『三官大帝』之后。乾隆年间，守祠僧又改为『观音堂』。中华人民共和国成立前后，像毁，祠舍改作民宅。2012年春，原祠舍被住户彻底拆除，改建新宅。

邵景尧的《吴侯惠政记》，系应爵溪千户所武官逄掖陈、王猷介绍邵友魏应雷『丐言镌珉』，撰于『万历岁次屠维作噩陬月』（即万历三十七年正月），主要记述吴学周整饬爵溪防务、维修城墙、招商赈恤、让优士慧等政绩。此记由徐大望（与邵景尧同科进士，山东益都人。旧志作『刘大望』，误）书丹，刻碑立于后殿（三清殿）内东山墙内明重刻《大瀛海道院记》碑之左。今此碑虽亦被毁，而邵景尧的《吴侯惠政记》尚存。作为曾刻石立碑的碑文，其所记又涉及吴学周施惠爵溪诸事，故亦将此记录于本节后，作为『附读』。

周应宾的《重建丹山石屋记》，系应象山县主簿徐承德（宜兴监生，万历三十六年任）之邀而撰。周应宾（1554—1625），字嘉甫，鄞县人。万历十一年（1583）进士，入选庶吉士，授翰林院编修。后累官至礼部右侍郎，转吏部充经筵讲官。泰昌元年（1620），拜礼部尚书。其所撰《重建丹山石屋记》称吴学周『右文则若泮宫、学田、贤祠、书院靡不缮也；饬武则若城廓、要塞、堠堡、艅艎（战船）靡不毖也；道利垦菑则若侯馆、庾仓、狴犴（监狱）、堤坊、关梁、津渡靡不营以度也』。接着，则记其于丹山石屋『鼎创山房』『从植卉木』，使之『遂称东南胜境』，并于『游刃案牍多暇时，时集文学（之士）纵谈名理其中，不移晷不撤去』之盛事。此记曾刻碑立于『石屋山房』。

周应宾的《吴公去思记》，系应监生鲍良讽、庠生鲍克明和鲍奎光『叩求而撰』，时在吴学周『迁温丞以行』之后。此记主要记述吴学周施惠邑西南姥岭（后称『姆龙洞』）一乡五事：一是报罢督屯使岁稽旧军产之额（免除旧军产租金）；二是去除岳头一带斥卤田之税赋；三是豁免渔税；四是创建民团营抵御夷船；五是旌表何氏（诸生鲍良表之妻）贞节。此记刻碑后，配立于『神武坊』谭纶碑之侧。谭纶（1520—1577），字子理，号二华，抚州宜黄人。嘉靖二十三年（1544）进士，授南京礼部主事，迁台州知府。时东南倭寇为患，谭纶练乡兵千人，立『束伍法』，节节相制，连战皆捷。后进海道副使，统领戚继光、俞大猷等剿灭入犯福建之倭寇。嘉靖三十八年（1559）三月，谭纶、俞大猷曾连破倭寇于象山马岗、何家礁（今名王家兰），并在金井头督兵斩杀倭寇百余人。事后建『神武坊』于神武庙前，民则立碑神武庙内。记称：『今碑吴公于此，见江右曹山（谭纶故里）、华盖（吴学周故里）之胜，后先钟为伟人相辉映之。』

吴学周任象山知县仅三年，却留下『一祠三碑』，可证其为政德行显著，甚得士民之心。

吴学周来象山任知县的时间，旧修县志仅记其『万历三十四年（1606）任象山县令』，而未记月份。今据邵景尧《吴侯惠政记》：『丙午春，铨曹以江右吴侯宰象。』『丙午春』即万历三十四年（1606）春季。由此可知，吴学周到任的时间是在这年农历三四月间。而他重立明碑的时间是在『万历丙午岁孟冬之吉』。『孟冬』即农历十月。这年农历十月初一已是阳历10月31日，因此重立明碑的时间应当是这年阳历11月份。『之吉』即吉日（因不详农历日期，无以考定）。所以，他在碑文之后《附记》中自称『今来为象令数月』，实际是到任七八个月后就『命工改镌』并重立了这方明碑。

此碑碑拓三行《附记》之后，署有『象令宝水宗裔吴学周识』十字，意言他是江西崇仁县『宝水吴氏』之后裔。而旧修县志仅记其籍贯『崇仁』，不记『宝水』族名。

今据方旭东《吴澄评传》（南京大学出版社2005年8月第一版）述及，吴澄远祖于北宋末期自邻县丰城徙抚州崇仁县，即其族之始迁祖吴璿。二世吴周居崇仁乡之坫原，生二子：玑、璿。宋高宗渡江，选民为兵，吴玑以徭役长乡兵，戍江东，因家太平洲。而吴璿迁同乡咸口里，生煜（即吴澄之高祖），『谨厚慈俭，家自饶裕』。因其乡在县之西南，处华盖、临川两山之间，『骈山贯江，风物繁衍，下瞰临水，极目如练』，下有宝水（又名宝塘水、布水谷）直达江河，故其族称『宝水吴氏』。吴澄之曾祖吴大德，娶张氏，祖父吴铎，娶谢氏。父亲吴枢，娶游氏。如此说来，吴澄乃是『宝水吴氏』八世祖。其生于南宋理宗淳祐九年（1249），卒于元顺帝元统元年（1333）。按其卒年计算，下距吴学周于明万历三十四年（1606）来象山任知县，相隔273年。若以25年为一世计，则相隔约十一世。即吴学周疑是『宝水吴氏』第十九世或二十世裔孙。不过，他出自『宝水吴氏』哪一分派，与吴澄之间的世系脉络，无考。

（二）史象贤摹写赵孟頫书体背景考略

也在碑拓《附记》之下，署有『史象贤摹』四字，可知明碑碑文书迹由其临摹『赵体』书写而成。但遍查象山历史人物资料，均无『史象贤』其人。后来，询之丹城一位史姓长者，他一时也说不清。过不几天，长者打来电话，说此人可能是明万历至崇祯年间象山知名书法家史学易，民国《象山县志》有传。

于是查阅此传：『史学易，字儒吉，安邦曾孙。幼学书于鄞县林芝（甬上著名书法家），后偏（遍）求二王真迹，心追力摹，遂工行楷，以诸生升太学。崇祯十二年（1639）授光禄寺丞，后庄烈帝（即崇祯皇帝）命随侍经筵。乞归。逾年国变（明亡清立）。屏绝人事。举乡饮介宾，拒而不受。弟析产，自取其硗者（差等田地、房产）。暮年，尤（犹）能手作大字，人得之为宝云。』读此，其『偏（遍）求二王真迹，心追力摹，遂工行楷』，与赵孟頫『以晋王羲之、王献之父子为宗……尤精于正书、行书与小楷』极为相合。但史学易并无『象贤』之字或号，故难以断定明碑碑文书迹为其摹写。

恰于其时，今大徐镇泥塘村发现了清嘉庆四年（1799）由象山教谕唐以坊（乌程举人）所撰之《丹桂史氏宗谱》（『经堂桥下史分派』节要本），内载其族第四十七世孙史遁（安都之子）字德贤、史远（安然之子）字君贤、史一体（承芳之子）字文贤、史遐

（绍芳长子）字用贤、史迩（绍芳次子）字见贤、史道（传芳长子）字庆贤、史适（流芳次子）字启贤、史迺（安邦之子）字伯贤、史述（安世之子）字仲贤、史选（安邦之子）字伯贤、史述（安世之子）字仲贤。但唯独不见有字象贤者，要么他是『丹桂史氏上史分派』（为节要本所不录）的第四十七世孙。不过，据此谱记载，其族确有爱好赵孟頫行书之人。谱中《史安世行传》即称其『性嗜松雪行书』（赵孟頫号『松雪道人』）。而史安世即是史述（字仲贤）之父。况且又是史安邦之胞弟、史选之叔父、史学易之叔祖父。史学易之所以『偏（遍）求二王真迹，心追力摹，遂工行楷』，后来成为崇祯皇帝的『随侍经筵』，可能就是受其叔祖父史安世影响。

（三）孙仲元镌刻明碑背景无考

也是在碑拓《附记》之下，发现有『□江孙仲元镌』等字样，可知明碑为其镌刻。只因『江』字之上一字已模糊不清，无以辨识。因不知其为何处人士。故无以查考其人及其刻碑之背景。

附读：邵景尧《吴侯惠政记》

【题解】

邵景尧（1552—1623），字熙臣，又字芝南，象山县昌国卫人。少有才名，寓居宁

波府城，与杨守阯等结社赋诗，号『浙东十四子』。万历二十六年（1598）戊戌科进士，殿试榜眼及第，授翰林院编修。进太子洗马，掌司经局，熟于掌故，以淹雅称。尝奉使出封宗藩。三十一年（1603），偕谕德（太子辅导官）赵秉忠（戊戌科状元）典视南畿，以振拔孤寒之士自任。后以左谕德乞休。晚年，与同郡周应宾、全天叙、陈之龙缔结诗文交友。耆年雅望，乡人矜式之。万历三十七年（1609）正月撰此《吴侯惠政记》，记县令吴学周施惠爵溪之事，且述及《大瀛海道院记》新、旧两碑。故附录于此，并分层注释之。

象为舆地海徼[1]，又东十余里而遥设爵溪所，计在扃[2]。象爵临大瀛，而城距穷发鳀人一望尔[3]。脱不戒[4]，即假三韩鼓峨岢之舰以登可以无爵[5]。无爵，是无象也。顾爵敝久矣[6]，更役疲于奔命[7]，储胥耗于巧滑[8]，金汤弛于狐鼠[9]，尺籍散于鸟兽[10]，里递烦于叫嚣[11]，渔税伤于挂额[12]，自非拊众驭戎[13]，有如吉甫为宪[14]，畴克树不朽泽哉[15]？

【注释】

①象为舆地海徼：象山县的疆土在海边。徼（jiào），边界，指海边。

②计在扃（jiōng）：计略作为门户。

③此句意言：象山县爵溪与日本距离只在一望之中。穷发鳀（tí）人，即不毛之地捕食小鱼的人。《汉书·地理志》：『会稽海外，有东鳀人。』这里指日本人。

④脱不戒：倘若不戒备。

⑤此句意为：倭寇凭借韩国鼓起高大篷帆的兵舰来登陆，那么就没有爵溪了。三韩，古代朝鲜半岛南部三个部族的合称。峨岢（kě）之舰，有高大篷帆的兵舰。

⑥顾爵敝久矣：回顾爵溪之衰弊已经很久了。

⑦此句意言：轮流服役的兵丁疲于奔命。

⑧储胥：木栅藩篱。此指防卫设施。耗于巧滑：耗费于虚浮不实之中。

⑨金汤：金城汤池。此指防守坚固的城池。弛于狐鼠：松弛于不正经之辈。

⑩尺籍：军籍。此指官兵。散于鸟兽：好比鸟兽一般地涣散。

⑪里递：乡里递夫。此指驿站服役的人。烦于叫嚣：劳顿于扬鞭策马大声喊叫。

⑫挂额：挂帐，即欠税未缴。

⑬自非拊众驭戎：自然不能抚慰众人守卫征战。

⑭有如吉甫为宪：好比周宣王大臣尹吉甫颁布的法令那样。尹吉甫曾奉命在成周（今河南洛阳）主管征收南淮夷贡赋。

⑮此句意言：谁还能努力树立永不磨灭的福泽呢？畴，作『谁』解。

丙午春①，铨曹以江右吴侯宰象②，握符三载③，政教翔洽④，士庶业游华胥⑤。侯时为象念及爵，又为爵念及爵所徭弊⑥，往往蒿目⑦。以故役有劳者、使者、费者、省者⑧，侯按期更班，惟察羸壮⑨，廉虚实⑩。有以竿牍通者⑪，一切杜不受⑫。迩奉观察邹公新令练营⑬，法亦如之。又公里甲之差⑭，建营舍于卫所，以豫番休⑮，以刁斗⑯。爵自是人人挟纩⑰，屹若天险。戍不畚插待命⑱，挽粟不橐于干没⑲。则以舞文侵尔故多耗⑳，侯烛弊洞若神明㉑，剔蠹捷若发机㉒，无复盘跚其中㉓，令有脱巾而呼庚癸也者㉔。爵自是称宿饱㉕，而师无枵腹㉖。

【注释】

①丙午春：明万历三十四年（农历丙午年，即公元1606年）春季，一般指农历三四月间。

②铨曹：选拔官吏的官署，此指吏部。江右：长江之南（民国县志作『江左』，误）。吴侯：对吴学周的尊称。侯，古代士大夫之间的尊称，犹今之『君』。宰象：任象山县令。旧时以『宰官』特称县令。

③握符三载：执掌政务三年。符，本指朝廷用以传达命令或调兵遣将的凭证。此引申为政务。

④政教翔洽：政事与教化都很翔实融洽。

⑤士庶业游华胥：官民都好像梦游华胥一般。华胥，传说中黄帝曾梦游的国度，和平安乐。

⑥徭弊：徭役之弊端。

⑦蒿目：举目远望。表示对世事的关切与忧虑。

⑧故役：从前的徭役制度。劳者：劳累的人。便者：轻便的人。费者：费时的人。省者：省时的人。

⑨察羸壮：观察瘦弱与强壮。羸（léi），瘦弱。

⑩廉虚实：考察虚用与实用。

⑪以竿牍通者：用书信融通的人。竿牍：古人书写用的竹片（竿）和木片（牍）。此借指书信。

⑫一切杜不受：一律杜绝不受理。

⑬迩：近日或近来。观察邹公：观察司使邹某（此人无考）。

⑭公里甲之差：公正地指派乡里的差役。

⑮豫：通『预』，作『预备』解。番休：轮流休息。

⑯刁：作『刁用』解。刁斗：古代军中用具，铜制，能容米粟一斗，有柄，白天用以煮饭，夜间用以击打巡更。

⑰自是：自此、从此。挟纩（kuàng）：披上棉衣。比喻得到慰勉而感到温暖。

⑱畚插待命：手持工具等待派工。畚插，即畚锸（chā），挖运泥土的工具。

⑲挽粟不橐于干没：搬运粮食而不装入袋子侵吞。橐（tuó），袋子。干没，侵吞他人财物。

⑳则以舞文侵尔故多耗：假使以舞文弄墨侵吞而增加耗费的。则，作『假使』解。

㉑烛弊：观察舞弊行为。

㉒剔蠹捷若发机：清除蛀虫迅速得像击发弓箭那样快。蠹（dù），蛀虫，此指危害国家利益的人。

㉓无复盘跚其中：不再让这些人蹒跚在队伍之中。盘跚，同『蹒跚』，走路缓慢摇晃的样子。此借指蠹虫。

㉔令有脱巾而呼庚癸也者：使得兵民脱巾而呼军粮欠缺的情况。脱巾，摘去头巾，指民兵骚乱哗变。庚癸，军粮的暗称。庚指西方，主稻谷。癸指北方，主雨水。故有此称。

㉕宿饱：同『夙饱』。平素温饱。

㉖师：部队。无枵腹：没有饥饿。枵（xiāo）腹，即空腹，意为饥饿。

城所雄，惟雉堞、台铺恃固陋而不修①，春秋鄗之②。侯料理土木之具，委尉杨君督理，向之圮者、颓者岿然鼎新③。城则壁矣，池则堑矣。莫为荷戈④，是资盗薮也⑤。侯时点充而时蒐阅⑥，庶干旌垒橹⑦，得凭人以褫虏魄⑧。其间食土毛附版于邑者⑨，征止惟正⑩，而他役不扰。庶橐键耒耨⑪，各适其业。业有废箸者⑫，不网罟⑬，不食间⑭，舸坏而税存⑮，侯按实悉蠲之⑯。彼息肩波涛之夫⑰，始不重困⑱。时值告凶，戍苦艰食，侯深轸恤⑲，不啬在己⑳，多方招商赈济，需时以偿。戍乐更生，旅愿出涂。且思纨袴恶韬钤㉑，忧危蔑肉食㉒，非为国桢计也㉓。士有慧而文，列在胶庠㉔，则优礼更倍鼓修文之气，令青紫其业㉕。而郤縠其帅者㉖，蒸蒸起也。侯之惠爵渥矣㉗！

【注释】

①雉堞：城墙上用作守护的齿状矮墙。台铺：城墙上的瞭望台和供守卒使用的床铺。恃固陋而不修：依恃浅薄的见识而不加修理。

②春秋鄙之：常年被鄙弃在那里。

③杨君：县尉，其人无考。向之：朝着它。意为『修理』。

④莫为荷戈：不需扛着武器。

⑤是资盗薮也：以此作为海盗不可逾越之地。

⑥时点充：时常检点补充。蒐阅：搜查检阅。蒐，『搜』的异体字。

⑦庛：接近。干旌垒橹：把旌旗挂起来，船橹垒起来。意为海氛靖好。

⑧得凭人以褫虏魄：但凭人就可以夺去强虏的魂魄。

⑨其间食土毛附版于邑者：其中吃食土产而归附版籍于象山的人。土毛，土地上生长的五

谷、桑麻、蔬菜，总称『土产』。

⑩征止惟正：征召而来的人行为举止都很正派。

⑪橐键耒耨：衣袋里放着钥匙从事耕种。键，作『钥匙』解。

⑫废箸：即『废居』，指低价收购、高价出售，以图厚利的商户。

⑬不网罟：不从事捕鱼。罟（gǔ），捕鱼作业的一种。

⑭不食间：不从事相关行业。

⑮舸坏而税存：因为船坏而渔税未缴。即上文之『挂额』者。

⑯悉蠲：全部免去。

⑰息肩波涛之夫：立足海上的人。此指渔民。

⑱重困：一再受困。

⑲轸恤：体恤、同情。

⑳不啻在己：不仅在自己。不啻（chì），作『不只』『不仅』解。

㉑纨袴恧韬钤：富家子弟惭愧于用兵谋略。恧（nǜ），惭愧。韬钤（qián），古代兵书《六韬》《玉钤篇》之并称，借指用兵谋略。

㉒忧危：担忧危险。蔑肉食：轻视位高禄厚之人。肉食，位高禄厚之人。

㉓国桢：国家之支柱。

㉔胶庠：周代大学之名。此指官学。

㉕青紫：指古代高官印绶、服饰的颜色。喻高官贵爵。

㉖郤縠：即郄縠。春秋时晋国大夫，后人以『郄縠』代指儒将，刘禹锡《令狐相公见示河中杨少尹赠答兼命继之》：『自从郤縠为元帅，大将归来尽把书。』

㉗惠爵渥矣：施惠爵溪优厚啊！渥（wò），作『优厚』解。

武臣逢掖陈、王猷辈介绍余友魏生应雷丐言镌珉[1]，以彰休美[2]。余惟涖岩邑而临戎弁[3]，难在两两输情于我[4]。侯德能使闾阎祀醴[5]，甲胄超距[6]。甲胄而闾阎者，各不为碍，洵绰然文武为宪材哉[7]！即使于藩于宣[8]，股肱帝室[9]，亦若承蜩已尔[10]，何难一寸壤乎[11]！闻侯祖草庐先生曾为爵撰《大瀛海道院记》，至今珍如商彝周鼎[12]。盖文以人重也。侯见而重新之[13]。夫能新祖泽，足征能绳祖武[14]。是举也，俾后之望碑而拜德者，亦如珍草庐。然不佞与有荣施矣[15]。敢削牍以复诸君之请[16]。

时万历岁次屠维作噩陬月之吉[17]

【注释】

①逢掖陈、王猷、魏应雷三人：均无考。丐言镌珉：乞求撰文刻碑。珉，像玉的石头，此指碑石。

②休美：美德。

③涖，同莅。岩邑：即『岩野』，相传殷代宰相傅说曾筑室傅岩之野，故谓。后泛指隐士所居之地。此借喻大瀛海道院所在地爵溪。戎弁：兵弁。指军队。可证邵景尧当年为撰此文，曾莅临爵溪。

④两两输情：两方面都奉情。一方面是逄、王、魏『乞言』奉情，另一方面是吴侯的德业奉情。

⑤闾阎：本指普通百姓聚居之地，后泛指民间。祀醴：祀奉，礼酒。

⑥甲胄超距：士兵武艺高超。甲胄，本指铠甲和头盔，后引申为士兵。超距，原指跳跃，越过障碍。后借指士兵训练有素，武艺高超。

⑦洵：诚然、实在。宪材：为官之材。旧时地方官对知府以上官吏尊称『宪台』。

⑧于藩于宣：在宗藩王室或在宣慰使司任职。

⑨股肱帝室：朝廷之辅佐。股肱，本是大腿与手臂之谓。后喻指辅佐得力之臣子。

⑩承蜩：出自『丈人承蜩』典故，比喻容易办到。已尔：而已。

⑪一寸壤：小地方。

⑫商彝周鼎：商代和周代祭祀用的器具。意为至宝。

⑬俟见而重新之：指吴学周重新刻立《大瀛海道院记》碑。

事功。

⑭足征：足以证明。能绳祖武：能够继续祖辈的足迹。绳，作『继续』解，祖武，祖先的

⑮不佞（nìng）：不才，自谦之词。与有荣施：受人施惠的谢词。

⑯削牍：削竹木为牍，用于书写。故称起草文稿为『削牍』。

⑰万历岁次屠维作噩陬月：万历三十七年（农历己酉年）正月。屠维，天干『己』的别称，亦作『徒维』。作噩，地支『酉』的别称。合在一起，即为『己酉』。陬（zōu）月，农历『正月』的别称。

第二节　明碑碑拓读识

明碑刻立距今已410多年，要不是被毁，也是一件难得的历史文物。因此，必须透过其存世碑拓，读识此碑碑版实况。读识方法，主要是将此一碑拓所显的碑版尺寸、碑文字面、书迹以及刻工技艺等，与元刻原碑分别作些比对。

（一）碑版尺寸比对

明碑碑拓因为是照相反拍件，不知其原件尺寸。章国庆先生《宁波历代碑碣墓志汇编》所收此碑碑拓影印件，也未标明原件尺寸。为此，我又造访宁波天一阁博物馆，向章先生询问明碑碑拓的实际尺寸。据他相告：长195厘米、宽110厘米。以此比对元刻原碑，

明碑碑拓上、下两方显然均未拓至碑顶、碑底边线。若按元碑规格，需分别加长16厘米和14厘米。如此，则明碑实际长度为225厘米，与元刻原碑相等。同样，碑拓左、右两侧也显然均未拓至碑边线。若按元碑规格，两侧均需各加宽1.5厘米。如此，明碑实际宽度为113厘米，比元刻原碑宽2.5厘米。这可能与碑文之后加刻了《附记》有关。

这只是两碑碑版尺寸之比对。至于碑身之厚度，因明碑已毁，无以比对。

（二）碑版文字比对

将明碑碑拓影印件扫描放至原大，则碑版文字（包括篆额、碑文与《附记》）仅上文所述『□江孙仲元镌』中一字无以辨识，其余尚属完整清晰。

碑拓之篆额『大瀛海道院记』6字，与元刻原碑之篆额两相重叠比对，二者基本相合。只是明碑之『记』字偏旁『言』，比元刻原碑稍稍拉长了一点，大约长了0.2厘米。其余5字笔画无异。

碑拓之碑文，无论是总体布局，还是行距、字距，也与元刻原碑总体相合。只是第十八行『所不及』3字之间距，比元刻原碑稍稍拉开了一点，显得更加匀称，并且纠正了下面那个误刻的『而』字。

但是，诚如本书第二章第三节考述，明重刻碑在碑文第二行撰文者吴澄署名、第三行书碑者赵孟頫署名以及第四行篆额者袁桷署名中，文字均与元刻原碑有所出入。吴澄署名中的『奉训大夫』应是『奉议大夫』。因为吴氏于延祐五年（1318）是『除集贤直学士，并特升奉议大夫』，而不是『奉训大夫』。《元史·百官志七》：『奉议大夫』属文散阶正五品，而『奉训大夫』则是从五品。同时，对照残碑原石存字『吴澄撰』下，并无『文』字。赵孟頫署名，从张仁蠡旧藏残碑碑拓发现了一个『知』字痕迹。我们知道，赵孟頫在辞归湖州故家前曾兼『知制诰同修国史』一职。那个『知』字痕迹，很可能是『知制诰』之『知』字。由此可知，赵孟頫自署之职衔是『翰林学士承旨、知制诰』，而非『翰林学士承旨、荣禄大夫』。又对照残碑原石存字，『赵孟頫书』下并无『丹』字。袁桷署名，也从张仁蠡旧藏残碑碑拓发现『奉』下有繁体『议』字之上半。可知袁氏当年文散阶与吴澄相同，亦为『奉议大夫』，而非『奉训大夫』。

发生以上差错的原因，可能有二：一是碑文摹写者史象贤也许为使三位名公署名与袁桷『篆额』相对称，故意在『吴澄撰』下添加了『文』字，在『赵孟頫书』下也添加了『丹』字。这从保护元刻原碑之原貌来看，是不能允许的。二是因为元刻残碑在三位名公署名处，有部分书迹已经剥脱，重刻明碑时无法读识，未经细考他们当时的文散阶和兼任官职而误书误刻所致。

明碑碑文与元碑的又一不同，是文后只刻重立时日『万历丙午岁孟冬之吉重立』，而不刻元碑建碑时日『至治二年二月十九日建』。这从维护元碑的历史真实性来说，不能不说是一个缺失。好在元刻残碑尚存建碑时日，不然会使今人对明碑之『重立』，产生不明不白之感。

当然，明碑碑拓与元碑的最大不同，是在碑文之后加刻了『象令宝水宗裔吴学周识』三行《附记》，计184字。关于这则《附记》，下文将以第三节予以注译。不过，从碑版布局看，虽然加了这则《附记》，却未使碑文整体位置与元碑发生任何变移。这倒是一种巧妙的布局！

（三）碑文书迹比对

将明碑碑拓中与元刻残碑相同之字的写法与笔势重叠比对，发现多数书迹基本相合。只是明碑有些字体的笔画瘦小了一点，未能如元碑那样圆润遒劲。由此可见，那位摹写『赵体』的史象贤的技艺已经到了相当熟练的地步。

同时，将碑文之后的《附记》小楷放大至与碑文相同字号大小，进行重叠比对，又发现许多书迹的写法与笔势也基本相合。可证《附记》亦为史象贤所书，而非吴学周笔墨。

（四）浮雕图饰比对

明碑碑拓所显示的篆额两侧浮雕图饰神兽『巨虚』与神鸟『凤戢』，图面尺寸与元碑一致。『巨虚』与『凤戢』的基本神态也大体相似，只是图像不如元碑那样清晰。这可能与碑拓的拓法有关，痕迹浓淡不一，有些模糊。

（五）刻工技艺比对

由于明碑已毁，其镌刻者□江孙仲元的刻工技艺无以评判。不过从碑拓显示的碑文字迹笔画较细分析，这可能与其刀法不如元刻原碑镌刻者有关，或者入石深度不够。同时，有些行书的连笔『牵丝』也交代得不够清楚。当然，明碑毕竟是在当年技术条件下的一件仿作，我们不能以如今『高仿真』技术要求来衡量四百多年前的刻碑工艺。

第三节　明碑《附记》注译

明碑碑文之后，所刻的『象令宝水宗裔吴学周识』字样。其中之『象令』系象山知县的别称；『宝水宗裔』是崇仁县宝水吴氏族裔之谓（见上文考述）。『识』（zhì），通『志』，此作『记』解。故其所记的184字，称为《附记》。

这则《附记》虽然极短，却是一篇极好的政论性散文。通篇观点鲜明，逻辑严密，有血有肉，文句流畅。其自悟自警之精神，更是难能可贵！联系吴氏在象山知县任内的所作

所为，可以说他是一位说到做到、言而有信的好县官。

为此，有必要对这则《附记》予以适当注释，并今译其义。

周生[①]，草庐先生之后[②]。读其书，服习其训者[③]，亦既有年矣[④]。今来为象令数月[⑤]，获览是碑，若恍然亲炙先生焉[⑥]。夫先生之流风遗教固不限于地[⑦]。迺所谓恍然者，不得之彼而得之此，岂习惯者以为常[⑧]，而骤然者乃足悟耶[⑨]！毋亦守簿书[⑩]、督钱谷[⑪]，将化为俗吏[⑫]。莫有以真人之言謦欬其侧[⑬]，忽睹元元一脉者而喜耶[⑭]。昔伯牙学琴于城连数年不得，移之海滨无人之境，数月而得[⑮]。周于先生之道，得与否所不敢妄论。其与伯牙学琴之意，则庶几近之矣[⑯]！岁久石圮[⑰]，命工改镌。浪书数语[⑱]，以记其事。象令宝水宗裔吴学周识。

【注释】

①周：吴学周之自称。生：学生。

②草庐先生：即吴澄，其号草庐。后：即后裔。

③服习：反复学习。训：遗训，教诲。

④既：已，已经。有年：多年。

⑤数月：据邵景尧《吴侯惠政记》：吴学周于『丙午春……宰象』。至『丙午岁孟冬』，则『数月』实即七八个月。

⑥若恍然亲炙：好像突然之间亲受教益。焉：助词，犹『于此』。

⑦流风遗教：流传的风格与遗留的教训。固不限于地：本来就不局限于一地一域。

⑧岂：副词，表示揣度，此作『也许』『大概』解。

⑨乃足悟耶：这足以自己警悟呀。乃，指示代词，如『这』或『此』。

⑩毋亦守簿书：不要只掌管县衙内的簿籍文书（此指户口、田亩册籍）。

⑪督钱谷：只督收钱粮（泛指税赋）。

⑫俗吏：见识低俗、平庸无能的官吏。

⑬此句意言：没有真知灼见之人的言辞谈笑于身边。真人：本指道家修真得道之人。后泛指有真知灼见的人。謦欬（qǐng kài）：作『谈笑』解。此句语出《庄子·徐无鬼》：『莫以真人之言謦欬吾君之侧乎！』

⑭忽睹：忽然看到。元元：即平民百姓。而喜：而感到欣喜。耶：语气词，犹『呀』。

⑮此即『伯牙学琴』的典故。伯牙：春秋时期的琴师，相传他学琴于成连先生，三年不成。后来随成连到了东海之滨的蓬莱山，闻海水澎湃、群鸟悲号之声，心有感悟，弹琴而

歌，从此琴艺大进。成连，此作『城连』，不知何故。

⑯庶几近之：差不多已接近『伯牙学琴』的意思。

⑰岁久石圮：因为岁月久远，元碑已经毁坏。此碑刻于元至治二年（1322），到『明万历丙午岁』，已284年。

⑱浪书：放胆地书写。

【今译】

学周我，是吴澄先生的后裔。读先生的著作，反复学习他的遗训，也已经多年了。如今来任象山知县才数月，得读这方碑文，仿佛恍然间亲受了先生教益。先生流风遗教本来就不局限于一地一域。这所谓恍然间亲受教益，是因为没有得之于家乡而得之于象山，也许对于习惯于此的人来说是常事，然而对于骤然有这种感悟的我来说却是足以悟出道理来的呀！不要只掌管掌管县衙内的户口、田亩簿籍，督收督收钱粮等赋税，把自己变成见识短浅、平庸无能的官吏。没有真知灼见之人经常谈笑在身边，忽然间看到了百姓对先生遗教的一脉相承而感到欣喜啊！从前伯牙学琴于成连先生，数年而不得其要。后来跟随成连来到海边无人之地，只数月就得道了。我对于先生的学说，虽然不敢妄言是不是已有所得，但是与『伯牙学琴』这个典故的意思，却差不多已经接近了！这方碑石因为岁月久远而毁坏，所以指派石工重新刻立。放胆地写下这几句话，以记述这件事。

第四节　碑文书迹读识

关于明重刻《大瀛海道院记》碑拓所显示之碑文书迹，已在上一节『（三）碑文书迹比对』中，初步进行了读识。本节主要对其中元碑剥脱而见诸明碑的、由史象贤按照赵孟頫古体或变体摹写的若干书迹作一读识。同时，对明碑碑拓之碑版书迹模糊不清部分进行必要清理，以还其本来面目，便于阅读鉴赏，以及为日后或仿制新碑作参考。

（一）古体或变体书迹读识

第二行第十二字『』，《说文解字·言部》：『譔，专教也。从言，巽声。』《集韵》：『譔，述也。通作撰。』可见赵孟頫所书此字，系依据古体字书写。

第六行第三十字『』，系依据《曹全碑》『哉』的隶书之变体行楷书写。

第十一行第三十二字『』，《康熙字典》：『虗，与虚同。』可见赵孟頫系依据『虚』的古体字『虗』而书写。如今『虗』已不通用，而用『虚』。

第十一行第三十三字『』，《说文解字·大部》：『夷，平也。从大，从弓。东

方之人也。』故先秦、秦汉称江浙居民为『蛮夷』。又，同书『弟部』之『弟』之小篆，与『夷』字同形。考吴其昌《金文名象疏证》：『夷字与弟字为一字』，象韦束矢形。可见赵孟頫所书此字，系依据『弟』之小篆变体书写。

第二十一行第三十八字『』，赵孟頫系依据《睡虎地秦简一二五〇》之小篆『睨』之变体书写。

第二十二行第二十四字『』，《三体石经·君奭》：『篆作。』又《玉篇·耳部》：『「𦖞」，同闻，古文。』可见赵孟頫系依据《三体石经》和《玉篇》『闻』之古体字书写。

（二）碑文书迹清理

如前所述，明重刻《大瀛海道院记》碑拓之碑文虽然完整可读，其传承元刻原碑之功不可小觑，但因碑版品相欠佳，部分书迹不甚清晰，以至难以识读。这给阅读鉴赏造成了不便，也给传承保护此一历史文化遗产带来了困难。

鉴此，本次提请平面设计专家运用电脑清理技术，在严格保持碑文（包括《附记》）书迹笔画、字形不变的前提下，清除周边一些空白，调整某些书行、字迹位置不正，并将全文适当放大，以『一分为四』附收于后（见本节附：明重刻碑碑拓影印局部之一至之四）。其中有些书迹依然模糊不清，甚而难以读识，也只能如此了。

附：明重刻碑碑拓影印（局部之一）

三	一
四	二

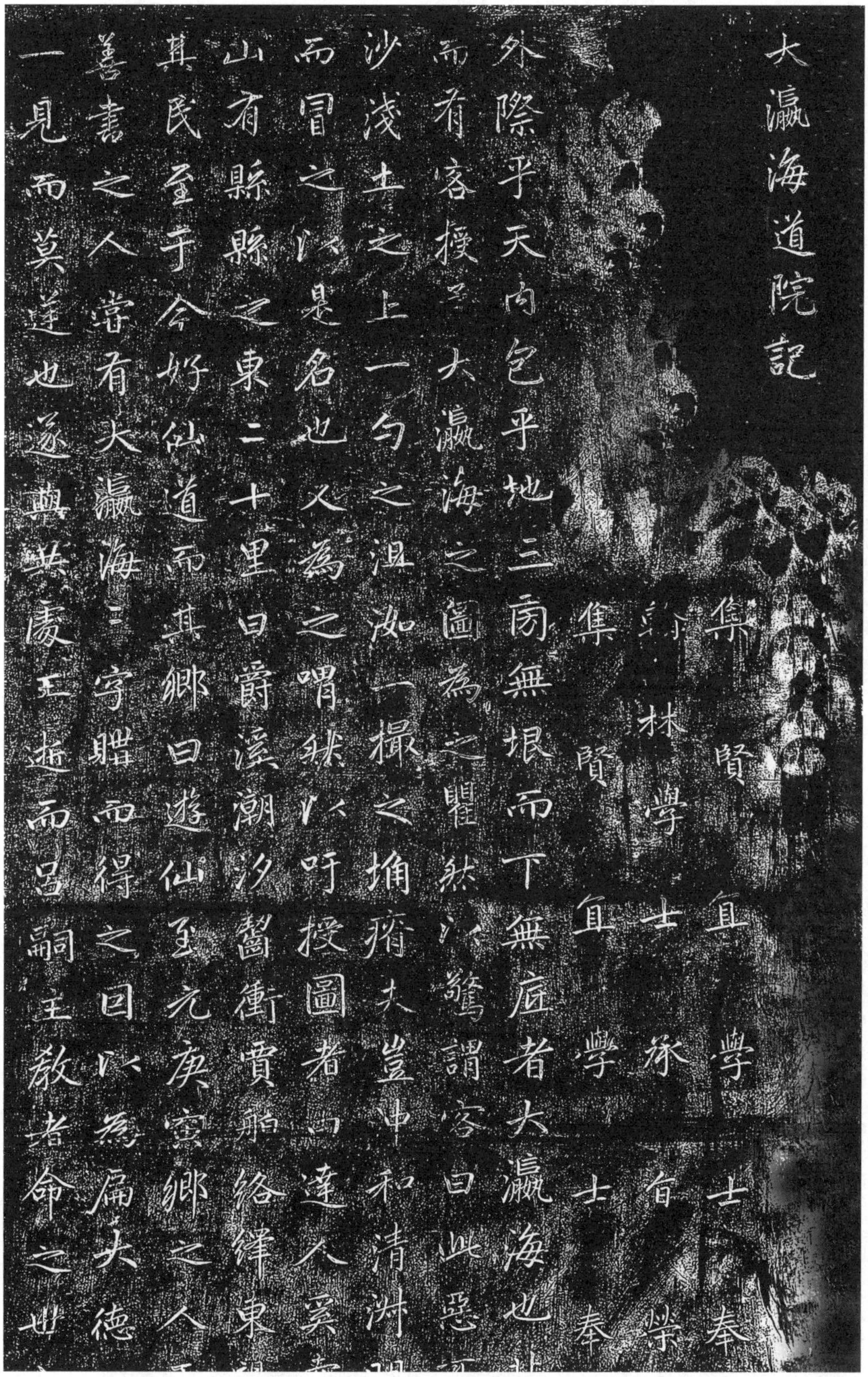

明重刻碑碑拓影印（局部之二）

三	一
四	二

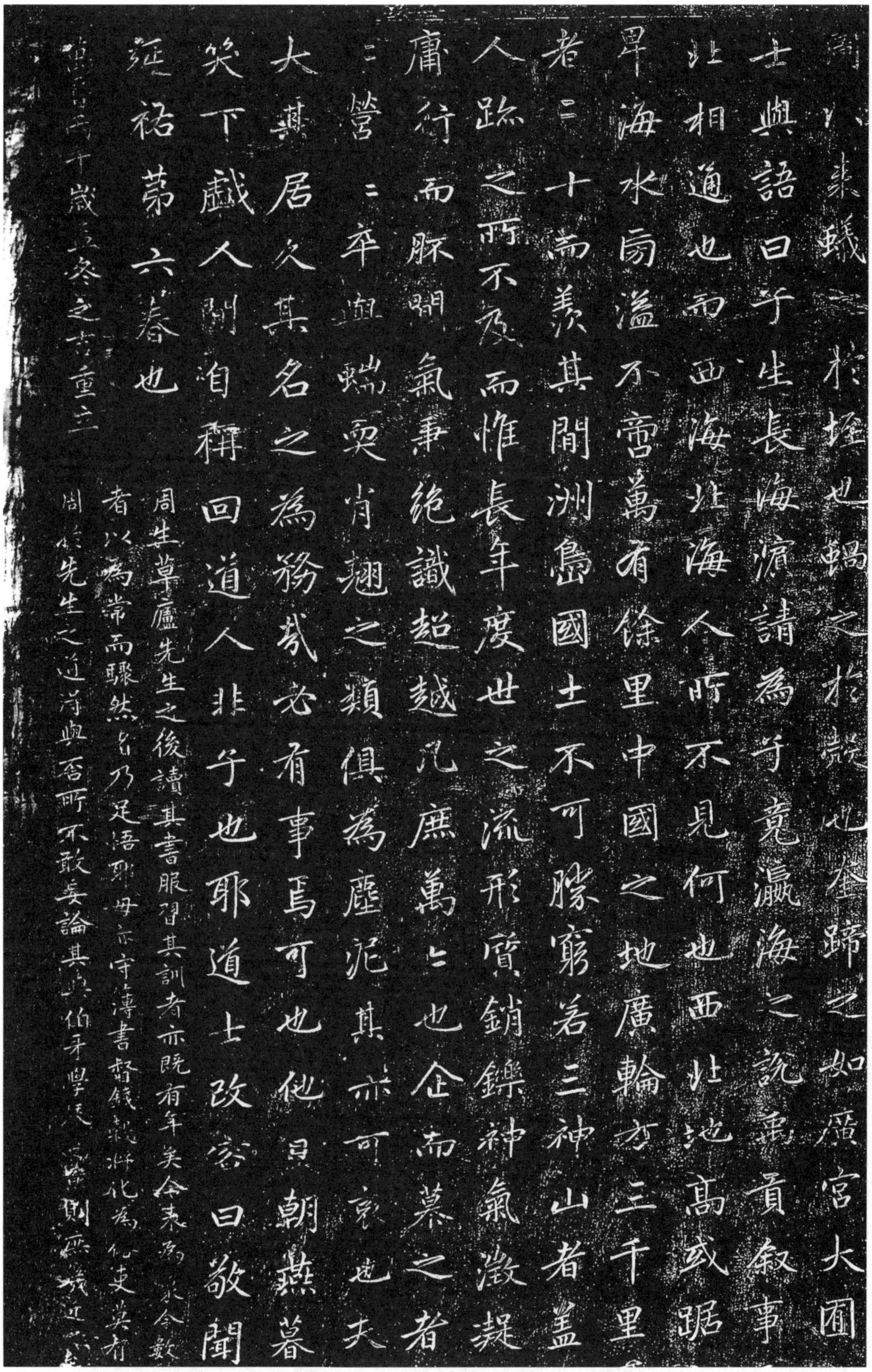

明重刻碑碑拓影印（局部之三）

三	一
四	二

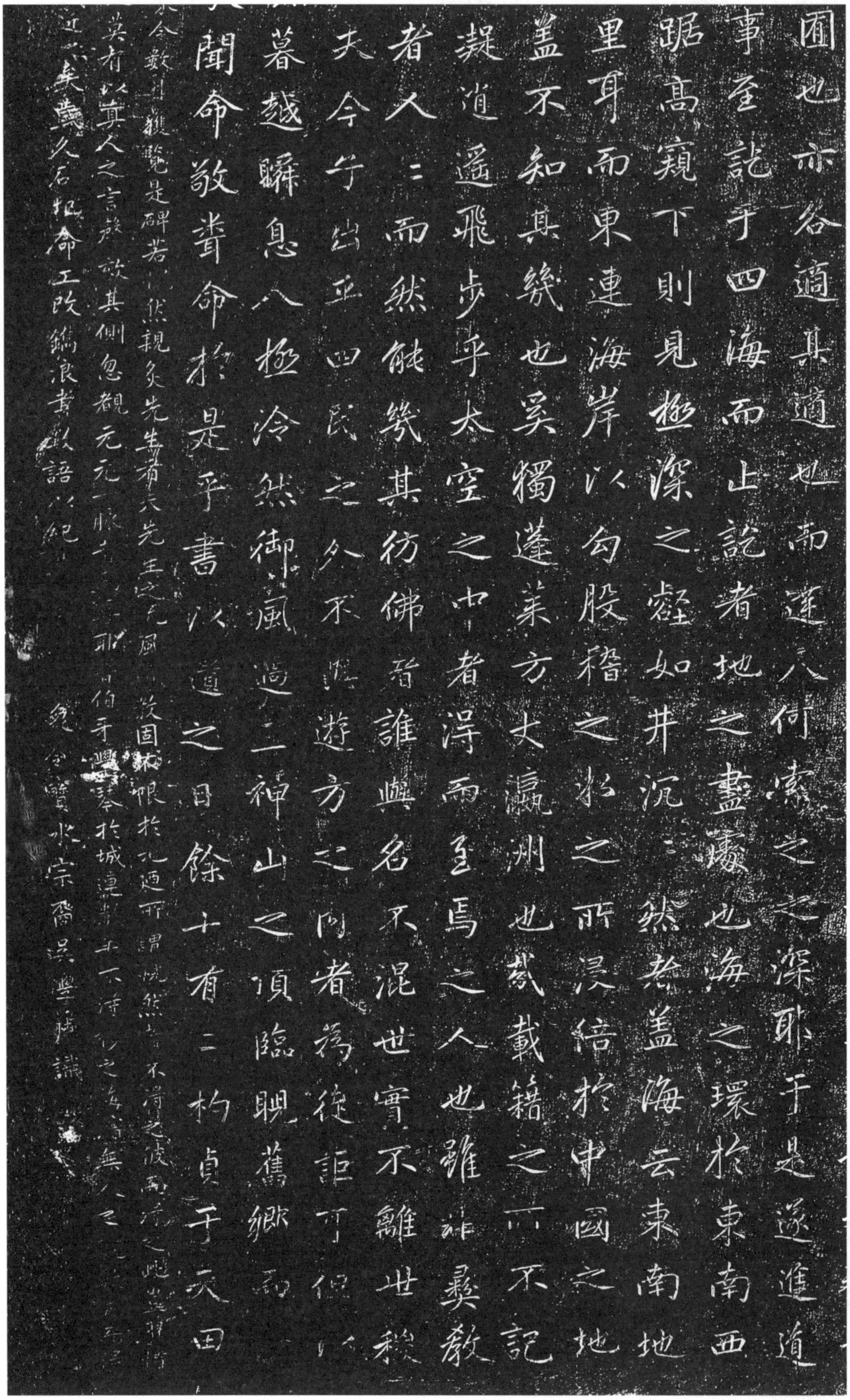

明重刻碑碑拓影印（局部之四）

三	一
四	二

第四章　元碑文本考校

考核校定文本，是阅读研究古代文辞的前提和基础。这个前提和基础课题不做或者做不好，任何阅读研究都难免将错就错，以讹传讹。在古今阅读研究《大瀛海道院记》的著述中，就或多或少地存在这种情况。

鉴此，本章拟首先依据元刻残碑和旧传碑拓存字，参互明重刻碑碑拓，考核校定《大瀛海道院记》元碑文本，并句读之。然后，再以此一定本为准，对今所能见读的历代文本和现行文本分别纠错正讹，正本清源，还其本貌。

第一节　元碑碑文考定

由于元刻残碑存字较少，旧传碑拓也存字不多，而且还发现第十八行第七字『而』的误刻现象；明重刻碑碑拓虽然存字较全，却又有错刻及随意加减等现象。例如：第二行撰文者吴澄署名中，将『奉议大夫』错刻成『奉训大夫』，并在『吴澄撰』之下加刻了『文』字；第三行书碑者赵孟頫署名中，则将『知制诰』错刻为『荣禄大夫』，亦在『赵孟頫书』之下加刻了『丹』字；第四行篆额者袁桷署名中，也将『奉议大夫』错刻成『奉训大夫』。同时，还漏刻第二十四行建碑年月日『至治二年二月十九日建』十字，只加刻明碑重立时日『万历丙午岁孟冬之吉重立』十一字。因此，本节拟以存字较多的陈汉章『缀学堂』和张仁蠡『柳风堂』旧藏残碑碑拓为底本，吸收残碑下截原石零星存字，并取明重刻碑碑拓存字，补其剥脱缺佚之字，『四者合一』成《大瀛海道院记》元碑碑文之全文。在此基础上，再按照元碑行文格式，以传统的规范繁体字书其全文，作为校定文本（见本节附一）。

说明：一、定本中黑地白字部分，表示元刻残碑和旧传碑拓存字。白地黑字部分，表示取自明重刻碑碑拓所补之字。二、黑地白字部分，有些字体是书碑者赵孟頫依据古体字或古体之变体书写；白地黑字部分，有些字体是摹写者史象贤依据赵孟頫所书古体字或古体之变体书写。这些字体如今大多已不再使用，电脑字库也无可检出打印。故定本中只能改用传统规范繁体字。三、这些被改写的古体字或古体字之变体，本书第二章、第三章已经分别说明，读者可参见上述章节。

同时，考虑到对于碑文定本尚有如何句读的问题，为此，本节先将碑文定本以简化字打印全文，并采用现行规范标点符号句读之（见本节附二）。读者可据以参考，以对未经断句的历代文本或断句有误的现行文本加以准确句读。

附一：元碑碑文校定文本

大瀛海道院記

集賢直學士奉議大夫吳澄撰
翰林學士承旨知制誥趙孟頫書
集賢直學士奉議大夫袁桷篆額

外際乎天內包乎地三旁無垠而下無底者大瀛海也非神融混冥智周寥廓能納六合于方寸未易與語此
而有客授予大瀛海之圖爲之瞿然以驚謂客曰此惡可圖也而孰爲爲之哉展而視之則荒厓斥澤之間浮
沙淺土之上一勺之沮洳一撮之堉瘠夫豈沖和清淑明秀靈異之所鍾乃或堂而構焉以爲棲霞餐露之館
而冒之以是名也又爲之喟然以吁授圖者曰達人奚索之之深耶鄞之東南百里達于海舟行八十里曰象
山有縣縣之東二十里曰爵溪潮汐齧衝貫舶絡繹東望日本南走天台世傳神仙安期生之屬所來往也故
其民至于今好仙道而其鄉曰游仙至元庚寅鄉之人王翁弃妻子改名一真結屋其隈延集方外之友前代
善書之人嘗有大瀛海三字購而得之因以爲扁大德丁未天台崇道觀道士吕虛夷爲縣令禱雨有應王翁
一見而莫逆也遂與共處王逝而吕嗣主教者命之世守方將資衆力大其居又欲資一言久其名也爲是手
圖以來蟻之于垤也蝸之于殼也奎蹄之如廣宮大圓也亦各適其適也而達人何索之之深耶于是遂進道
士與語曰子生長海濱請爲子竟瀛海之說禹貢叙事至訖于四海而止訖者地之盡處也海之環于東東南西
北相通也而西海北海人所不見何也西北地高或踞高窺下則見極深之壑如井沉=然者蓋海云東南地
卑海水旁溢不啻萬有餘里中國之地廣輪方三千里耳而東連海岸以勾股稽之水之所浸倍于中國之地
者二十而羡其間洲島國土不可勝窮若三神山者蓋不知其幾也奚獨蓬萊方丈瀛洲也哉載籍之所不記
人迹之所不及而惟長年度世之流形質銷鑠神氣澂凝逍遥飛步乎太空之中者得而至焉之人也雖非彝教
庸行而脈間氣秉絶識超越凡庶萬=也企而慕之者人=而然能幾其彷佛者誰與名不混世實不離世稷
=營=卒與蝡耎肖翹之類俱爲塵泥=其亦可哀也夫今子出乎四民之外不與游方之內者爲徒詎可但以
大其居久其名之爲務哉必有事焉可也他日朝燕暮越瞬息八極泠然御風過三神山之頂臨睨舊鄉而一
笑下戲人間自稱回道人非子也耶道士改容曰敬聞命敬聞命于是乎書以遺之日餘十有二杓貞于天田
延祐第六春也
至治二年二月十九日建

附二：碑文定本句读

大瀛海道院记

集贤直学士、奉议大夫　吴　澄撰
翰林学士承旨、知制诰　赵孟頫书
集贤直学士、奉议大夫　袁　桷篆额

外际乎天，内包乎地，三旁无垠而下无底者，大瀛海也。非神融混冥，智周寥廓，能纳六合于方寸，未易与语此。而有客授予《大瀛海之图》，为之瞿然以惊。谓客曰：『此恶可图也？而孰为为之哉？』展而视之，则荒厓斥泽之间，浮沙浅土之上，一勺之沮洳，一撮之墝瘠。夫岂冲和清淑、明秀灵异之所钟？乃或堂而构焉，以为栖霞餐露之舘，而冒之以是名也！又为之喟然以吁！授图者曰：『达人奚索之之深耶？鄞之东南百里达于海，舟行八十里曰象山，有县。县之东二十里曰爵溪，潮汐啮冲，贾舶络绎，东望日本，南走天台，世传神仙安期生之属所来往也。故其民至于今好仙道，而其乡曰游仙。至元庚寅，乡之人王翁弃妻子，改名一真，结屋其隈，延集方外之友。前代善书之人尝有「大瀛海」三字，购而得之，因以为扁。大德丁未，天台崇道观道士吕虚夷为县令祷雨有应，王翁一见而莫逆也，遂与共处。王逝而吕嗣，主教者命之世守。方将资众力大其居，又欲资一言久其名也，为是手图以来。蚁之于垤也，蜗之于壳也，奎蹄之如广宫大囿也，亦各适其适也。而达人何索之之深耶？』于是遂进道士与语，曰：『子生长海滨，请为子竟瀛海之说。《禹贡》叙事至讫于四海。而止讫者，地之尽处也。海之环于东南，西北相通也。而西海、北海人所不见。何也？西北地高，或踞高窥下，则见极深之壑，如井沉沉然者。盖海云东南地卑，海水旁溢，不啻万有余里。中国之地广轮方三千里耳，而东连海岸。以勾股稽之，水之所浸倍于中国之地者二十而羡，其间洲岛国土不可胜穷。若三神山者，盖不知其几也，奚独蓬莱、方丈、瀛洲也哉？载籍之所不记，人迹之所不及，而惟长年度世之流，形质销铄，神气澄凝，逍遥飞步乎太空之中者得而至焉。之人也，虽非彝教庸行，而胚间气秉绝识，稷超越凡庶万万也。企而慕之者，人人而然。能几其仿佛者谁与？名不混世，实不离世，稷稷营营，卒与蠕耎肖翘之类俱为尘泥，其亦可哀也夫！今子出乎四民之外，不与游方之内者为徒，讵可但以大其居、久其名之为务哉？必有事焉，可也。他日朝燕暮越，瞬息八极，泠然御风，过三神山之顶，临睨旧乡而一笑，下戏人间，自称「回道人」，非子也耶！』道士改容曰：『敬闻命，敬闻命！』于是乎书以遗之。日余，十有二，杓贞于天田，延祐第六春也。

至治二年二月十九日建。

第二节　历代文本考校

《大瀛海道院记》历代文本，均不载前述定本中由赵孟頫书碑时所加的撰文者吴澄职衔、书碑者赵孟頫和篆额者袁桷之署名，以及建碑年月日等54字，即全文为763字。此类文本，早在刻碑之前就由袁桷等人撰修的延祐《四明志》收录。吴澄去世后，其后人梓行了他的遗著《吴文正公集》（一百卷），即收录了此文。清乾隆年间编辑的《四库全书》，则将《吴文正公集》全书辑入『集部·别集类』，从而使《大瀛海道院记》文本广为流传。在这前后，《浙江通志》《宁波府志》以及象山旧修县志也大多收录《大瀛海道院记》文本。但是，在长达六百余年的流传过程中，此类文本曾发生了一些文字差错。

本节拟选择元、明、清、民国四家具有代表性的地方志录本各一种，分别对照碑文定本，考其异同，校其差错。

（一）元延祐《四明志》录本考校

前已述及，元延祐《四明志》是『宋元四明六志』之一，由袁桷等人于延祐七年（1320）十一月编撰成志，共二十二卷（其中目录二卷）。其时仅距吴澄撰写《大瀛海道院记》一年零七个月，下距大瀛海道院刻石立碑则还有一年零三个月时间。这可能与袁桷和吕虚夷此前已有交往有关。因此，延祐《四明志》录本，应当是《大瀛海道院记》最早也是最原始的文本。

只惜延祐《四明志》原刻本已不传，所传的是元顺帝至正六年（1346）刻本，且已缺佚卷九、卷十、卷十一。如今所能查考的则是清咸丰四年（1854）由『甬上烟屿楼』徐时栋之重刻本，凡十八卷及『卷首』一卷。此一重刻本于卷十八『释道考·下·象山县道观』，录有吴澄《大瀛海道院记》全文（见本节附一）。读此，对照定本，文字有十处差错。现考校如下：

①录本『三傍无垠』，而定本为『三旁无垠』。『傍』与『旁』，二者音义不同。傍（bàng），其义为『依傍』或『靠近』。而旁（páng），则为『边』或『侧』。此处系言大瀛海三边无际，当为『三旁无垠』。故应以定本之『旁』校正录本之『傍』。

②录本『棲霞餐露之馆』，而定本为『栖霞餐露之舘』。『栖』，乃是『棲』之异体字，古已有之，今已作为『棲』之简化字。但录本之『馆』，与定本之『舘』，古义有别。『馆』指『客舍』，是供客食宿、娱乐之所。而『舘』则单指『住宿之所』，不供饮食。后来『舘』已成为『馆』之俗字。如今『舘』『馆』虽已通用，但从保持碑文原意考量，还是用『舘』而不用『馆』为妥。

③录本『安期生之属所往来也』，而定本为『安期生之属所来往也』。以『来往』校

正之。

④录本『延接方外之友』，而定本为『延集方外之友』。录本之『接』，显然是定本『集』之误，当以『集』校正『接』。

⑤录本『蚁之于蛭也』，而定本为『蚁之于垤也』。『蛭（zhì）』，乃是水蛭，即蚂蟥。而『垤（dié）』，则是指蚂蚁做窝时堆在洞口的小土堆，也叫『蚁冢』或『蚁封』。因此，『蛭』显然是别字，应以『垤』校正之。

⑥录本『涔蹄之如广宫大囿也』，而定本为『奎蹄之如广宫大囿也』。『涔蹄』，指的是道路上蹄迹中的积水，与『广宫大囿』无涉。而『奎蹄』则是指蹄弯曲处，形容地方极其狭小。以此解读本句，意言『狭小之地以至成为好比宽大的宫殿和宽广的庭院』（『之』作『至』解）。所以，应以『奎』校正『涔』。

⑦录本『予于是进道士与语』，而定本为『于是遂进道士与语』。录本多一『予』字，又漏一『遂』字。『予』字为碑文所无，应删之。『遂（suì）』此作动词『因循』解。也许是该志在刻版时将『遂』作连词『于是』解，以为重复，故而『省』去。其实，本句意言：『于是因循地进奉道士与语。』所以，应以『遂』字补此脱漏。

⑧录本『海之环旋东西南北相通也』，而定本为『海之环于东南，西北相通也』。其中录本之『海之环旋东西』，定本为『海之环于东南』；录本之『南北相通也』，定本为『西北相通也』。这里有一个如何断句的问题，若将本句读作『海之环于东南，西北相通也』，则录本不可能读作『东西南北』。由此，『环于』亦不可能读作『环旋』。因为『环旋』意为『环绕』，犹如环绕四周。而大瀛海对于中国而言，仅『环于』东南方向，并非环绕四周。因此，当以定本校正录本之误。

⑨录本『如井沈沈然者』，而定本为『如井沉沉然者』。『沈沈』，虽可读作chén chén，与『沉沉』相同，亦即深邃之意。但『沈沈』又可读作tán tán，意为深沉。因此，易起歧义。况且定本乃是『如井沉沉然者』。故当以『沉沉』校正录本之『沈沈』。

⑩录本『以句股稽之』，而定本为『以勾股稽之』。『句』虽可读作gōu，与『勾』同音同义，『句股』即『勾股』。但如今『勾股定理』已不再作『句股定理』。故亦当以『勾』校正录本之『句』。

此外，录本于『延祐第六春也』之后注：集贤直学士、奉议大夫吴澄记。可知吴澄时为『集贤直学士、奉议大夫』。而非明重刻碑碑拓所署『集贤直学士、奉训大夫』。『奉议大夫』与『奉训大夫』，二者虽皆为『文散官阶』，但据《元史·百官志七》，奉议大夫为正五品，而奉训大夫为从五品，品阶不同。

又，录本之后尚有一则『按曰』：『志不书道院之建置，而独登文正（吴澄谥号）此记，殊不可解。考之至正志（指至正《四明续志》）原本固如此，非有所脱错也。』此『按』显然为烟屿楼重刻延祐《四明志》时所加，与碑文定本无涉。

尚须言明：象山县地方志编纂委员会所编『象山县地方文献丛书』之《宋元四明志象山县汇辑》一书（中华书局2010年3月第1版），于《延祐〈四明志〉辑录》中，也录有吴澄《大瀛海道院记》。但对于文中存在的上述文字差错均未考校，甚至还发生了新的差错。同时，此书虽然对全文作了句读，其中有些断句与标点符号使用也不尽得当。因此，提请读者在阅读或引用时予以注意。

（二）明嘉靖《象山县志》录本考校

嘉靖县志是象山今存最早独立纂修的志书，由知县毛德京（广西富川进士）于嘉靖三十五年（1556）辟圆峰庙为修志馆，聘诸生杨民彝、卜乾、俞澜、周茂伯创修。越两月，成稿十五卷。后经乡进士周希程（县西凤山人）校而定之，于同年刊行。今有隆庆年间（1567—1572）增补本传世。

该志卷之十二『杂志纪上·寺观庙院』记有：『大瀛海东道院，县东二十五里，元至元二十七年（1290）里人王一真建。其神为真武大帝，至今著灵异。元吴草庐有《记》，见艺文纪。』考卷之十四『艺文纪·记』，即有元吴澄（即吴草庐）《大瀛海东道院记》录本（见本节附二）。对照定本，此一录本有错漏二十六处，现分别作如下考校：

①录本『旁无垠』，而定本为『三旁无垠』。录本漏『三』字，应补之。

②录本『非神融混溟』，而定本为『非神融混冥』。当以『冥』订正『溟』。

③录本『知周寥廓』，而定本为『智周寥廓』。『知（zhī）』，即『知识』『知道』或『了解』。而『智(zhì)』，则是『智力』『智慧』或『才智』。二者音义不同。虽然古文中常有将『知识』写作『智识』者，但如今已不再混用。况且定本是『智』，应以此校正『知』。

④录本『未易以语此』，而定本为『未易与语此』。『以』，介词，作『替』或『为』解。而『与』则是动词，作『给予』或『参与』解。二者音义不同，应以『与』校正『以』。

⑤录本『而孰为之哉』，而定本为『而孰为为之哉』。录本漏一『为』字，应补之。

⑥录本『荒涯斥泽之间』，而定本为『荒厓斥泽之间』。『涯』，作『水边』或『边际』解。而『厓』，一般作『山边』解。虽然有时也作『水边』解，同『涯』。但

定本是「厓」，故应以「厓」校正「涯」。

⑦录本「棲霞食露之舘」，而定本为「栖霞餐露之舘」。应以「餐」订正「食」。「棲」与「栖」之异，已见前述，不赘。

⑧录本「达人奚索之深耶」，而定本为「达人奚索之之深耶」。录本漏一「之」字，应补之。

⑨录本「舟行八十里曰象山县」，而定本为「舟行八十里曰象山，有县」。这里也有一个如何断句问题。录本也许忽略这个问题，所以漏一「有」字，应补之。

⑩录本「县之东二十里曰爵谿」，而定本为「县之东二十里曰爵溪」。录本之「谿（xī）」，是「溪」的本体字，指山间小水流。象山之「爵溪」，明永乐十六年（1418）曾改作「爵谿」。后来，不知何年何月又复称「爵溪」。然而，定本撰于元延祐六年（1319），比「爵溪」改作「爵谿」早99年。故当以「溪」校正「谿」。

⑪录本「贾泊络泽」，而定本为「贾舶络绎」。「泊」为「舶」之误，应正之。

⑫录本「安期生之属所往来也」，而定本为「安期生之属所来往也」。以「来往」校正之。

⑬录本「延方外之友」，而定本为「延集方外之友」。录本漏一「集」字，应补之。

⑭录本『天台崇道观道士吕希夷』，而定本为『天台崇道观道士吕虚夷』。『希』字显然是『虚』之误，应正之。

⑮录本『为是乎图以来』，而定本为『为是手图以来』。录本『乎』，实『手』之误，应正之。

⑯录本『涔蹄之如广宫大囿也』，而定本为『奎蹄之如广宫大囿也』。『涔』与『奎』之差异，见前文考校。

⑰录本『而达人何索之深耶』，而定本为『而达人何索之之深耶』。录本漏一『之』字，应补之。

⑱录本『于是进道士与语』，而定本为『于是遂进道士与语』。录本漏一『遂』字，应补之。

⑲录本『而西海比海人所不见』，而定本为『而西海北海人所不见』。录本之『比』，显然是『北』之误，应正之。

⑳录本『洲岛国土不可胜』，而定本为『洲岛国土不可胜穷』。录本漏一『穷』字，应补之。

㉑录本『逍遥飞步乎太虚之中者』，而定本为『逍遥飞步乎太空之中者』。当以『空』订正『虚』。

㉒录本『能几其仿佛者谁欤』，而定本为『能几其仿佛者谁与』。前后两个『几』

字，繁体作『幾』，意为『接近』解。今已简化为『几』，字义不变。录本之『欤』，实即定本『与』之误，应校正之。

㉓录本『与游方之内者为徒』，定本为『不与游方之内者为徒』。录本漏『不』字，其义与定本相反，应补正之。

㉔录本『冷然御风』，而定本为『泠然御风』。『冷（lěng）』，作『寒冷』『冷落』『冷漠』『冷僻』解。而『泠（líng）』，是『轻妙』『清凉』之谓。二者音义不同。故应以『泠』校正『冷』。

㉕录本『过三神之顶』，而定本为『过三神山之顶』。录本漏『山』字，应补之。

㉖录本『临[目兑]旧乡而一笑』，而定本为『临睨旧乡而一笑』。『[目兑]，（yuè）』，作『目玩』解。而『睨（nì）』，作『斜视』解。故当以『睨』校正『[目兑]』。

此外，亦须说明：象山县地方志编纂委员会所编『象山县地方文献丛书』之嘉靖《象山县志》（点校本）一书（中华书局2010年3月第1版），亦以隆庆增补本为底本对《大瀛海道院记》作了『点校』。其所『点』，有数处未点准；所『校』，亦未对上述文字错漏进行校正。不仅如此，还发生了一些新的差错。鉴此，提请读者在阅读或引用时予以注意。

（三）清乾隆《象山县志》录本考校

乾隆《象山县志》，本由象山知县曹鏊（广西金州举人）于乾隆二十一年（1756）四月聘进士姜炳璋（丹城人）设局开修。八月，曹离任，昌化知县史鸣皋来县接任。二十三年（1758），史氏再设志局于丹山书院，复聘姜炳璋主纂，又聘如皋人冒春荣同纂，历八月，志成刊行（原刊本今存）。

该志卷之十『方外』立有《吕虚夷传》，述其生平事略。卷之十二『杂志·寺观』记有：『大瀛海东道院，爵溪城内。元至元二十七年道士王一真建，祀真武神。吴草庐记、赵子昂书。其碑尚存。』其后，录有『吴澄记』。同卷『轶事』中又记：『大瀛海东道院（以道院在县东，故称），吴澄记、赵孟頫书，岁久碑断字蚀。后之好事者抚勒一石（指明重刻碑），置之三清宫左。拓者遂不复识真本矣。戊寅，巡使盛熙寓院，寻获旧碑于玄武殿，漶灭百余字，余尚完好。拓数纸，以告知县史鸣皋表著之。则物之显晦殆有时耶！』此处所言『戊寅』，是乾隆二十三年（1758），亦即乾隆县志纂修并刊行之年。因而前记称『其碑尚存』。

正因如此，该志所录吴澄《大瀛海道院记》（见本节附三），比之于嘉靖县志录本，文字差错要少得多。现对照定本，共十二处差错，分别考校如下：

①录本『非神融混溟』，而定本为『非神融混冥』。当以『冥』订正『溟』。

②录本『知周寥廓』，而定本为『智周寥廓』。应以『智』校正『知』，考校如前文。

③录本『楱霞餐露之馆』，而定本为『栖霞餐露之舘』。应以『栖』代『楱』，以『舘』校正『馆』，考校如前文。

④录本『安期生之属所往来也』，而定本为『安期生之属所来往也』。以『来往』校正之。

⑤录本『延方外之友』，而定本为『延集方外之友』。录本漏『集』字，考校如前文。

⑥录本『前代善书者』，而定本为『前代善书之人』。当以『之人』订正『者』。

⑦录本『为是乎图以来』，而定本为『为是手图以来』。应以『手』订正『乎』。

⑧录本『涔蹄之如广宫大囿也』，而定本为『奎蹄之如广宫大囿也』。应以『奎』校正『涔』，考校如前文。

⑨录本『于是进道士与语』，而定本为『于是遂进道士与语』。录本漏一『遂』字，考校如前文。

⑩录本『逍遥飞步乎太虚之中者』，而定本为『逍遥飞步乎太空之中者』。当以『空』订正『虚』。

⑪录本『能几其仿佛者谁欤』，而定本为『能几其仿佛者谁与』。应以『与』校正

『欤』，考校如前文。

⑫录本『过三神之顶』，而定本为『过三神山之顶』。录本漏『山』字，考校如前文。

按理，乾隆县志纂修刊行之时，元刻残碑『其碑尚存』，又有史鸣皋『表著』之碑拓，还有『好事者』吴学周之重刻碑，只要细心对照，不应发生上述差错。修志人员也许是受前修志书影响，以讹传讹。

（四）民国《象山县志》录本考校

民国《象山县志》，由县知事李洣（湖南衡山人）于民国十年（1921）八月倡修，聘本县陈汉章为总纂，何涵（前清副贡）、孔昭藜（前清举人）、陈畲（前清进士）为协修，历五载成书，于民国十五年（1926）刊行（原刊本今存），凡三十二卷，人称『江南名志』。

该志卷十九『金石考』，引清《续通志·金石略》记：『《大瀛海道院记》，吴澄撰，赵孟頫正书，至治二年，象山。』又引钱大昕《潜研堂金石文目》记：『《大瀛海道院记》，吴澄撰，赵孟頫行书，至治二年二月，在象山县。』并以『案』对此二记作了考证。卷二十九『方外传』亦立有《吕虚夷传》，述其生平事略。卷三十二『文征外编上·碑记』，即录有元吴澄（崇仁人）《大瀛海道院碑（记）》（见本节附四）。且于碑文之前加引言：『延祐六年，集贤直学士吴澄撰，翰林学士赵孟頫书，集贤直学士袁桷篆额，并正书。在大瀛海道院前殿左偏，今存文云。」

读此一录本，对照定本，亦有十八处错漏。现考校如下：

①录本「非神融混溟」，而定本为「非神融混冥」。当以「冥」订正「溟」。

②录本「知周寥廓」，而定本为「智周寥廓」。应以「智」校正「知」，考校如前文。

③录本「末易以语此」，而定本为「末易与语此」。应以「易」校正「以」，考校如前文。

④录本「明秀灵异之所种」，而定本为「明秀灵异之所钟」。录本之「种」字，系「钟」之误，应校正之。

⑤录本「棲霞餐露之馆」，而定本为「栖霞餐露之舘」。应以「栖」代「棲」，以「舘」校正「馆」，考校如前文。

⑥录本「达人奚索之深耶」，而定本为「达人奚索之之深耶」。录本漏一「之」字，应补之。考校如前文。

⑦录本「安期生之属所往来也」，而定本为「安期生之属所来往也」。以「来往」校正之。

⑧录本「结庐其隈」，而定本为「结屋其隈」。录本之「庐」，系「屋」之误，应校正之。

⑨录本「因以为匾」，而定本为「因以为扁」。「匾」与「扁」虽相通，但「匾」一般指门户上长方形的牌子，也叫「匾额」。而「扁」则是门户上的题字，也称「扁

表』。当年大瀛海道院尚处初创阶段，道士王一真购得前代善书之人『大瀛海』三字，显然未做成『匾额』，就直接张贴在道院大门上方，所以称之为『扁』，而非『匾』。故应以『扁』校正『匾』。

⑩录本『王翁一而见莫逆也』，而定本为『王翁一见而莫逆也』。录本中显然为排印顺序之误，应正之。

⑪录本『为是乎图以来』，而定本为『为是手图以来』。应以『手』订正『乎』。

⑫录本『《禹贡》叙事至讫于西海，北海人所不见』，而定本为『《禹贡》叙事至讫于四海。而止讫者，地之尽处也。海之环于东南，西北相通也。而西海、北海人所不见』。录本脱漏『至讫于』与『西海、北海人所不见』之间二十三字。应补之。

⑬录本『如沈沈然者』，而定本为『如井沉沉然者』。录本漏『井』字，应补之。又，『沈沈』，亦应以『沉沉』正之。考校前文。

⑭录本『盖海东南地卑』，而定本为『盖海云东南地卑』。录本漏『云』字，应补之。

⑮录本『逍遥飞步乎太虚之中者』，而定本为『逍遥飞步乎太空之中者』。应以『空』订正『虚』。

⑯录本『超越凡几万万也』，而定本为『超越凡庶万万也』。录本之『几』，乃是

「庶」之误。应正之。

⑰录本「其稷稷营营」，而定本为「稷稷营营」。录本之「其」，为衍字，应删去。

⑱录本「日余□有二杓贞以天田」，而定本为「日余十有二杓贞于天田」。录本之「□」，系「十」之空缺。应补之。录本之「以」应订正为「于」。

此外，还须说明：由重刊民国《象山县志》整理委员会整理出版的民国《象山县志》（点校本）（方志出版社2004年7月第1版），对原刊本卷三十二「文征外编上·碑记」中收录的《大瀛海道院碑（记）》的上述错漏，仅校正④、⑫、⑭、⑯等处，其余仍未作校正。而且还将原刊本之「蝡耎」，错改为「□软」。同时，对全文的句读，也有一些标点符号使用不尽得当，致使个别文句难以读通。这些，也提请读者在阅读或引用时予以注意。

附一：元延祐《四明志》录本影印

吳澄大瀛海道院記

外際乎天內包乎地三傍無垠而下無底者大瀛海也非神融混冥智周寥廓能納六合於方寸未易與語此而有客授予大瀛海之圖爲之瞿然以驚謂客曰此惡可圖也而孰爲爲之哉展而視之則荒厓斥澤之間浮沙淺土之上一勺之沮洳一撮之塉瘠夫豈沖和清淑明秀靈異之所鍾乃或堂而構焉以爲棲霞餐露之館而冒之以是名也又爲之喟然以吁授圖者曰達人奚索之之深耶鄞之東南百里達於

海舟行八十里曰象山有縣縣之東二十里曰爵溪
潮汐踰衝貢舶絡繹東望日本南走天台世傳神仙
安期生之屬所往來也故其民至於今好仙道而其
鄉曰遊仙至元庚寅鄉之人王翁棄妻子改名一眞
結屋其隈延接方外之友前代善書之人嘗有大瀛
海三字購而得之因以爲扁大德丁未天台崇道觀
道士呂虛夷爲縣令禱雨有應王翁一見而莫逆也
遂與共處王逝而呂嗣主教者命之世守方將資衆
力大其居又欲資一言久其名也爲是手圖以來蟻
之於蛭也蝸之於殼也涔蹄之如廣宮大圓也亦各

煙嶼樓校本

適其適也而達人何索之之深耶予於是進道士與
語曰子生長海濱請爲子竟瀛海之說禹貢敘事至
訖於四海而止訖者地之盡處也海之環旋東西南
北相通也而西海北海人所不見何也西北地高或
踞高窺下則見極深之壑如井沈沈然者蓋海云東
南地卑海水旁溢不啻萬有餘里中國之地廣輪方
三千里耳而東逮海岸以句股稽之水之所浸倍於
中國之地者二十而羨其閒洲島國土不可勝窮若
三神山者蓋不知其幾也奚獨蓬萊方丈瀛洲也哉
載籍之所不記人迹之所不及而惟長年度世之流

形質銷鑠神氣澂凝逍遥飛步乎太空之中者得而
至焉之人也雖非彝敎庸行而胚胎氣秉絕識超越
凡庶萬萬也企而慕之者人人而然能幾其彷彿者
誰歟名不混世實不離世稷稷營營卒與蠕耎肖翹
之類俱爲塵泥其亦可哀也夫今子出乎四民之外
不與遊方之內者爲徒詎可但以大其居久其名之
爲務哉必有事焉可也他日朝燕暮越瞬息八極泠
然御風過三神山之頂臨睨舊鄉而一笑下戲人間
自稱回道人非子也耶道士改容曰敬聞命敬聞命
於是乎書以遺之日餘十有二杓貞於天田延祐第

延右十八　四　煙嶼樓校本

六春也集賢直學士奉議大夫吳澄記（按曰）志不書道院之建置而獨登交正此記殊不可解考之至正志原本闕如此非有所脫錯也

附二：明嘉靖《象山县志》录本影印

大瀛海東道院記　元吳澂草廬

外際乎天內包乎地旁無垠而下無底者大瀛海也非神駛混溟知周廖廓能納六合於方寸未易以語此而有客授予大瀛海之圖爲之矍然以驚謂客曰此惡可圖也而孰爲之哉展而視之則茫涯斥澤之間浮沙淺土之上一勺之沮洳一撮之塉瘠夫豈沖和清淑明秀靈異之所鍾乃或堂而搆焉以爲棲霞食露之館而冒

之以是名也幽靄之喟然以吁授圖者曰達人
奚索之四明鄮之東南百里達于海舟行八十
里曰象山縣縣之東二十里曰爵谿潮汐畜衝
貫泊絡繹東望日本南走天台世傳神仙安期
生之爲所往來也故其民至于今好仙道而其
鄉曰遊仙至元庚寅鄉之人王翁棄妻子改名
一真結屋其限延方外之友前代善書之人嘗
有大瀛海三字購而得之因以爲扁大德丁未
天台崇道觀道士呂希夷爲縣令禱雨有應王

翁一見而莫逆也遂與共處王逝而吕嗣主教
者命之世守方將資衆力大其居又欲資一言
以其名也爲是乎圖以來蠓之於垤也蝸之於
殼也涔蹄之如廣宫大圃也亦各適其適也而
達人何索之深耶於是進道士與語曰予生長
海濱請爲子竟瀛海之説禹貢叙事至訖于四
海而止訖者地之盡處也海之環於東南西北
相通也而西海北海人所不見何也西北地高
或踞高寬下則見極深之壑如井沉沉然者蓋

海云東南地卑海水旁溢不啻萬有餘里中國之地廣輪方三千里耳而東連海岸以句股稽之水之所浸倍於中國之地者二十而羨其間洲島國土不可勝名三神山者盖不知其凳也奚獨蓬萊方丈瀛洲也哉載籍之所不記人跡之所不及而惟長年度世之流形質銷鑠神氣澂凝逍遥飛以乎太虛之中者得而至焉之人也雖非吾教所行而脉間氣秉絶識超越凡庶萬萬也企而慕之者人人而然能幾其彷彿者

誰歟名不混世實不離世稷稷營營卒與端耎
肖翹之類俱於塵泥其亦可哀也夫今子出乎
四民之外與遊方之內者爲徒詎可但以大其
居久其名之爲務哉必有事焉可也他日朝爇
暮越瞬息八極泠然御風過三神之頂臨睨舊
鄉而一笑下戲人間自稱回道人非子也耶道
士改容曰敬聞命敬聞命於是乎書以遺之日
餘十有二杓貞于天田延祐第六春也

附三：清乾隆《象山县志》录本影印

大瀛海東道院僻溪城內元至元二十七年道士王一眞建
祀眞武神吳草廬記趙子昂書其碑尚存
吳澄記外際乎天內包乎地三旁無垠而浮無際者大瀛
海也非神融混溟知周寥廓能納六合於方寸未易與語
此而有客授予大瀛海之圖爲之變然以驚謂客曰此惡
可圖也而孰爲爲之哉展而視之則荒厓斥滷芒閒浮沙
淺土之上一勺之泓洳斥墩之墒瘠夫豈沖秘清淑明秀
靈異之所鍾乃或掌而擣焉以爲棲霞餐露之館而旨之

以是名也又爲之喟然以吁授圖者曰蓬人奚索之之深耶鄞之東南百里達於海舟行八十里曰象山有縣縣之東二十里曰爵溪潮汐齒衡賈舶絡繹東望日本南走天台世傳神仙安期生之屬所往來也故其民至於今好仙道而其鄉曰遊仙至元庚寅鄉之人王翁棄妻子改名一貞結屋其隈延方外之友前代善書者嘗有大瀛海三字購而得之因以爲扁大德丁未天台崇道觀道士吕虚夷爲縣令聞有慕王翁一見而莫逆也遂與共處王逝而吕職主教者命之世守方將資衆力大其居又欲資一言

久其名也爲是乎圖以來蟻之於垤也蝸之於殼也涔蹄之如廣宮大圓也亦各適其適也而達人何衆之之深耶於是進道士與語曰子生長海濱請爲予覓瀛海之說禹貢敘事至訖于四海而止訖者地之盡處也海之環於東南西北相通也而西海北海人所不見何也西北地高或躋高窺下則見極深之壑如井沉沉然者蓋海云東南地卑海水旁溢不啻萬有餘里中國之地廣輪方三千里耳而東連海岸以句股積之水之所浸倍於中國之地者二十而羡其間洲島國土不可勝窮若三神山者蓋不知其

幾也矣徧蓬萊方丈瀛洲也哉載籍之所不記人跡之所
不及而惟長年度世之流形質銷鑠神氣澂凝逍遥飛步
乎太虛之中者得而至焉之人也雖非飈馭飛行而胑間
氣稟絶識超越凡庶萬萬也企而慕之者人人而然能幾
其彷彿者誰歟名不混世實不離世碌碌營營卒與蠕耎
肖翹之類俱爲塵泥其亦可哀也夫今予出乎四民之外
不與游方之内者爲徒詎可但以大其居久其名之爲務
哉必有事焉可也他日朝燕暮越瞬息八極泠然御風過
三神之頂臨睨舊鄉而一笑下戲人間自稱回道人非予

也耶道士攺容曰敬聞命敬聞命於是乎書以遺之日餘
十有二枸貞於天田延祐第六春也

附四：民国《象山县志》录本影印

大瀛海道院碑　　元　草廬吳　澄

延祐六年集賢直學士吳澄撰翰林學士趙孟頫書集賢直學士袁桷篆額
並正書在大瀛海道院前殿左偏今存文云

外際乎天内包乎地三旁無垠而下無底者大瀛海也非神融混溟知周寥廓能納六合於方寸未易以語此而有客授予大瀛海之圖爲之瞿然以驚謂客曰此惡可圖也而孰爲爲之哉展而視之則荒厓斥澤之間浮沙淺土之上一勺之沮洳一撮之塥瘠夫豈沖和清淑明秀靈異之所種乃或堂而構焉以爲棲霞餐露之館而冒之以是名也又爲之喟然以吁授圖者曰達人奚索之深耶鄞之東南百里達於海舟行八十里曰象山有縣縣之東二十里曰爵溪潮汐齧衝賈舶絡繹東望日本南走天台世傳神仙安期生之屬所往來也故其民至於今好仙道而其鄉曰遊仙至元庚寅鄉之人王翁棄妻子改名一眞結

廬其隈延集方外之友前代善書之人嘗有大瀛海三字購而得之因以爲匾大德丁未天台崇道觀道士呂虛夷爲縣令禱雨有應王翁一而見莫逆也遂與共處王逝而呂嗣主教者命之世守方將資衆力大其居又欲資一言久其名也爲是乎圖以來蟻之於垤也蝸之於殼也奎蹄之如廣宮大囿也亦各適其適也而達人何索之之深耶於是遂進道士與語曰子生長海濱請爲子竟瀛海之說禹貢叙事至訖於西海北海人所不見何也西北地高或踞高窺下則極深之壑如沈沈然者蓋海東南地卑海水旁溢不啻萬有餘里中國之地廣輪方三千里耳而東連海岸以勾股稽之水之所浸倍於中國之地者二十而羡其間洲島國土不可勝窮若三神山者蓋不知其幾也奚獨蓬萊方丈瀛洲也哉載籍之所不記人跡之所不及而惟長年度世之流形質銷鑠神氣澂凝逍遥飛步乎太虛之中者得而至焉之人也雖非彝教庸行而胚間氣秉絶識超越凡幾萬萬也企而慕之者人人而然能幾其彷彿者誰與名不混世實

不離世其稷稷營營卒與蝡耎肖翹之類俱爲塵泥其亦可哀也夫今子出乎四民之外不與遊方之內者爲徒詎可但以大其居久其名之爲務哉必有事焉可也他日朝燕暮越瞬息八極泠然御風過三神山之頂臨睨舊鄉而一笑下戲人間自稱回道人非子也耶道士改容曰敬聞命敬聞命於是乎書以遺之日餘　有二杓貞以天田延祐第六春也

邑令吳學周識云周生草廬先生之後讀其書復習其訓者亦既有年矣今來爲象令數月獲覽是碑若恍然親炙先生焉夫先生之流風遺教固不限於地迺所謂恍然者不得之彼而得之此豈習慣者以爲常而驟然者乃足悟耶毋亦守簿書督錢穀將化爲俗吏莫有以眞人之言聲欬其側忽覩元元脈一者而喜耶昔伯牙學琴於城連數年不得移之海濱無人之境數月而得周於先生之道得與否所不敢妄論其與伯牙學琴之意則庶幾近之矣歲久石圮命工改鐫浪書數語以紀其事

史志軼事大瀛海東道院吳澄撰趙孟頫書歲久碑斷字蝕後之好事者撫勒一石寘之三清宮左搨者遂不復識眞本矣戊寅巡使盛熙寓院尋獲舊碑於元武殿漶滅百餘字餘尚完好拓數紙以告知縣史鳴臯表著之則物之顯晦殆有時耶

第三节　现行文本校勘

现行文本，指改革开放以来正式出版物收录的吴澄《大瀛海道院记》录本。这些录本因为录自不同的传世文本，未经必要考核校定，所以也都或多或少存在文字差错，同样需要对照定本，予以校勘。

本节拟就目前所能见读的正式出版的地方志书和个人著作、古文汇编中收录的文本六种，分别加以校勘。

（一）新编《象山县志·1986》录本校勘

该志由象山县志编纂委员会（主编王庆祥、副主编林志龙）于1986年12月编就，浙江人民出版社于1988年4月以第1版出版发行。其中『丛录·诗文辑存』收录元吴澄《大瀛海道院记》全文（见本节附一）。今对照定本，有文字错漏十八处，勘误如表：

序号	录本	勘误
一	非神融混溟	非神融混冥
二	知周寥廓	智周寥廓
三	未易以语此	未易与语此

续表

四	而孰为之哉	而孰为为之哉
五	荒崖斥泽	荒厓斥泽
六	栖霞餐露之馆	栖霞餐露之舘
七	达人奚索之深耶	达人奚索之之深耶
八	结庐其隈	结屋其隈
九	因以为匾	因以为扁
十	为是乎图以来	为是手图以来
十一	涔蹄之如广宫大囿也	奎蹄之如广宫大囿也
十二	而达人何索之深耶	而达人何索之之深耶
十三	如井沈沈然者	如井沉沉然者
十四	盖海东南地卑	盖海云东南地卑
十五	而唯长年度世之流	而惟长年度世之流
十六	逍遥飞步乎太虚之中者	逍遥飞步乎太空之中者
十七	其稯稯营营	稯稯营营

续表

十八	冷然御风	泠然御风

同时，录本在句读中也有断句不准及标点符号使用不当多处。务请读者在阅读或引用时加以注意。

（二）新编《爵溪镇志·1996》录本校勘

该志由《爵溪镇志》编纂委员会（主编林志龙，副主编林德宝、何敏求）编，中国书籍出版社于1997年10月出版发行。全志二十章，为象山县第一部镇志。其中第二十章『丛录』第二节『碑铭』收录元吴澄《大瀛海道院记》全文（见本节附二）。今对照定本，有文字差错十六处，勘误如表：

序号	录本	勘误
一	知周寥廓	智周寥廓
二	未易以语此	未易与语此
三	荒崖斥泽	荒厓斥泽
四	栖霞餐露之馆	栖霞餐露之舘
五	结庐其隈	结屋其隈

续表

六	因以为匾	因以为扁
七	为是乎图以来	为是手图以来
八	蚁之于蛭	蚁之于垤
九	而至讫者	而止讫者
十	如井沈沈然者	如井沉沉然者
十一	而唯长年度日之流	而惟长年度日之流
十二	逍遥飞步乎太虚之中者	逍遥飞步乎太空之中者
十三	能几其仿佛者谁欤	能几其仿佛者谁与
十四	秽秽营营	稄稄营营
十五	卒与蠕软肖翘之类	卒与蠕耎肖翘之类
十六	泠然御风	泠然御风

同时，录本在句读中也有断句不准及标点符号使用不当多处。务请读者在阅读或引用时加以注意。

（三）《全元文》录本校勘

《全元文》由李修生主编，江苏古籍出版社于1999年10月以第1版出版发行。该书卷五〇八收录吴澄《大瀛海道院记》（见本节附三）。今对照定本，有文字差错二十四处，勘误如表：

序号	录本	勘误
一	外察乎天	外际乎天
二	非冲融混冥	非神融混冥
三	而有客授予以大瀛海之图	而有客授予大瀛海之图
四	浮沙浅水之上	浮沙浅土之上
五	夫岂冲和清渊明秀	夫岂冲和清淑明秀灵异
六	栖霞餐露之馆	栖霞餐露之舘
七	达人奚索之之深也	达人奚索之之深耶
八	神仙安期生之往来也	神仙安期生之属所来往也

续表

九	其乡曰游仙	而其乡曰游仙
十	至元癸未	至元庚寅
十一	延接方外之交	延集方外之友
十二	涔蹄之于广居大囿也	奎蹄之如广宫大囿也
十三	而达人奚索之之深耶	而达人何索之之深耶
十四	予于是进道士与语曰	于是遂进道士与语曰
十五	子生长海濒	子生长海滨
十六	海之环旋东西南北相通也	海之环于东南，西北相通也
十七	如井沉沉然	如井沉沉然者
十八	人也	之人也
十九	能几仿佛者谁与	能几其仿佛者谁与
二十	临观旧乡而一笑	临睨旧乡而一笑
二十一	下觑人间	下戏人间

续表

二十二	自称为道人	自称回道人
二十三	谨闻命，敬闻命	敬闻命，敬闻命
二十四	未录撰文时日	日余十有二杓贞于天田延祐第六春也

同时，录本在句读中也有断句不准及标点符号使用不当等情况。读者在阅读或引用时亦需加以注意。

（四）《〈大瀛海道院记〉碑考》录本校勘

该碑考由张明珠撰，刊于《西泠印社『重振金石学』国际学术研讨会论文集》（西泠印社出版社2010年8月第1版）。文中所录吴澄《大瀛海道院记》文本（见本节附四），对照定本，撰文者吴澄署名、书碑者赵孟頫署名、篆额者袁桷署名，次序颠倒，应依定本校正之。不过，吴澄与袁桷之文散阶『奉议大夫』职衔倒是表述正确。赵孟頫所兼『知制诰』一职，也表述无遗。但其『兼修国史』一职却为蛇足。因为赵氏『翰林学士承旨』，本身就有『兼修国史』之责。所录正文，亦有十二处文字差错。现校勘如表：

序号	录本	勘误
一	三傍无垠	三旁无垠

续表

二	知周寥廓	智周寥廓
三	荒崖斥泽	荒厓斥泽
四	栖霞餐露之馆	栖霞餐露之舘
五	神仙安期生之属所往来也	神仙安期生之属所来往也
六	因以为匾	因以为扁
七	为是乎图以来	为是手图以来
八	蚁之于蛭也	蚁之于垤也
九	海之环于东西南北，相通也	海之环于东南，西北相通也
十	盖海之东南地卑	盖海云东南地卑
十一	能几其仿佛者谁欤	能几其仿佛者谁与
十二	卒与蠕软肖翅之类	卒与蠕耎肖翅之类

（五）《象山古代史事管窥》录本校勘

《象山古代史事管窥》一书，由何元均所著，宁波出版社2010年12月第1版，书中第五辑

『元代象山』中有《大瀛海道院碑记解读》一文，亦有有所解读的吴澄《大瀛海道院记》录本（见本节附五），今对照定本，文字差错亦有十七处。校勘如表：

序号	录本	勘误
一	知周寥廓	智周寥廓
二	未易语此	未易与语此
三	荒崖斥泽	荒厓斥泽
四	栖霞餐露之馆	栖霞餐露之舘
五	神仙安期生之属所往来也	神仙安期生之属所来往也
六	结庐其隈	结屋其隈
七	因以为匾	因以为扁
八	为是乎图以来	为是手图以来
九	而达人何索之深耶	而达人何索之之深耶
十	盖海之东南地卑	盖海云东南地卑

续表

十一	得而至也	形质销铄，神气澄凝，逍遥飞步乎太空之中者得而至焉
十二	非彝教庸行	虽非彝教庸行
十三	能几其仿佛者谁欤	能几其仿佛者谁与
十四	卒与明见蝡软肖翘	卒与蝡耎肖翘之类
十五	其可哀也夫	其亦可哀也夫
十六	久其名为务哉	久其名之为务哉
十七	自称回道人	下戏人间，自称回道人

（六）《宁波历代碑碣墓志汇编》录本校勘

《宁波历代碑碣墓志汇编》，由章国庆编著（上海古籍出版2012年3月出版）。书中所录《大瀛海道院记》全文（见本节附六），因为系根据明重刻碑碑拓整理，因此撰文者、书碑者、篆额者署名之职衔皆与明重刻碑相同。关于这些差错，上文已作校正，于此不赘。但对照定本，碑文尚有六处差错。校勘如表：

续表

序号	录本	勘误
一	末易以语此	末易与语此
二	栖霞餐露之馆	栖霞餐露之舘
三	神仙安期生之属所往来也	神仙安期生之属所来往也
四	结庐其隈	结屋其隈
五	为是乎图以来	为是手图以来
六	盖海之东南地卑	盖海云东南地卑

大瀛海道院碑

[元]吴　澄

外际乎天，内包乎地，三旁无垠，而下无底者，大瀛海也。非神融混溟，知周寥廓，能纳六合于方寸，未易以语此。而有客授予大瀛海之图，为之瞿然以惊，谓客曰："此恶可图也，而孰为之哉？"展而视之，则荒崖斥泽之间，浮沙浅土之上，一勺之沮洳，一撮之塊瘠，夫岂冲和清淑，明秀灵异之所钟，乃或堂而构焉，以为栖霞餐露之馆，而冒之以是名也。又为之喟然以吁。授图者曰：达人奚索之深耶！鄞之东南百里达于海，舟行八十里曰象山，有县。县之东二十里曰爵溪，潮汐啮冲，贾舶络绎，东望日本，南走天台，世传神仙安期生之属所往来也。故其民至于今好仙道，而其乡曰游仙。至元庚寅，乡之人王翁，弃妻子，改名一真，结庐其隈，延集方外之友，前代善书之人，尝有"大瀛海"三字，购而得之，因以为匾。大德丁未，天台崇道观道士吕虚夷，为县令祷雨有应，王翁一见而莫逆也，遂与共处。王逝而吕嗣，主教者命之世守。方将资众力大其居，又欲资一言久其名也，为是乎图以来。蚁之于垤也，蜗之于壳也，涔蹄之如广宫大囿也，亦各适其适也，而达人何索之深耶？于是遂进道士与语曰：子生长海滨，请为子竟瀛海之说。禹贡叙事至讫于四海，而止讫者，地之尽处也，海之环于东南，西北相通也，而西海、北海人所不见，何也？西北地高，或踞高窥下，则见极深之壑，如井沈沈然者。盖海东南地卑，海水旁溢，不啻万有余里，中国之地，广轮方三千里耳。而东连海岸，以勾股稽之，水之所浸，倍于中国之地者二十而羡。其间洲岛国土，不可胜穷，若三神山者，盖不知其几也，奚独蓬莱、方丈、瀛洲也哉！载籍之所不记，人迹之所不及，而唯长年度世之流，形质销铄，神气澄凝，逍遥飞步乎太虚之中者，得而至焉。之人也，虽非彝教庸行，而胚间气秉绝识，超越凡庶万万也。企而慕之者，人人而然，能几其仿佛者谁与？名不混世，实不离世，其稷稷营营，卒与蠕蝡肖翘之类俱为尘泥，其亦可哀也夫！今子出乎四民之外，不与游方之内者为徒，讵可但以大其居、久其名之为务哉！必有事焉可也。他日朝燕暮越，瞬息八极，泠然御风，过三神山之顶，临睨旧乡而一笑，下戏人间，自称回道人，非子也耶？道士改容曰："敬闻命，敬闻命。"于是乎书以遗之。日余十有二构，贞于天田，延祐第六春也。

大瀛海道院记

元·吴　澄

外际乎天，内包乎地，三旁无垠，而下无底者，大瀛海也。非神融混冥，知周寥廓，能纳六合于方寸，未易以语此。而有客授予大瀛海之图，为之瞿然以惊，谓客曰："此恶可图也，而孰为为之哉？"展而视之，则荒崖斥泽之间，浮沙浅土之上，一勺之沮洳，一撮之墝瘠，夫岂冲和清淑，明秀灵异之所钟，乃或堂而构焉，以为栖霞餐露之馆，而冒之以是名也。又为之喟然以吁。授图者曰：达人奚索之之深耶！鄞之东南百里达于海，舟行八十里曰象山，有县，县之东二十里曰爵溪，潮汐啮冲，贾船络绎，东望日本，南走天台，世传神仙安期生之属所往来也。故其民至于今好仙道，而其乡曰游仙。至元庚寅，乡之人王翁，弃妻子，改名一真，结庐其隈，延集方外之友，前代善书之人，尝有"大瀛海"三字，购而得之，因以为匾。大德丁未，天台崇道观道士吕虚夷，为县令祷雨有应，王翁一见而莫逆也，遂与共处。王逝而吕嗣，主教者命之世守。方将资众力大其居，又欲资一言久其名也，为是乎图以来。蚁之于蛭也，蜗之于壳也，奎蹄之如广宫大囿也，亦各适其适也，而达人何索之之深耶？于是遂进道士与语曰：子生长海滨，请为子竟瀛海之说。禹贡叙事至讫于四海，而至讫者，地之尽处也，海之环于东南，西北相通也，而西海、北海人所不见，何也？西北地高，或踞高窥下，则见极深之壑，如井沈沈然者。盖海云东南地卑，海水旁溢，不啻万有余里，中国之地，广轮方三千里耳。而东连海岸，以勾股稽之，水之所浸，倍于中国之地者二十而羡。其间洲岛国土，不可胜穷，若三神山者，盖不知其几也，奚独蓬莱、方丈、瀛洲也哉！载籍之所不记，人迹之所不及，而唯长年度世之流，形质销铄，神气澄凝，逍遥飞步乎太虚之中者，得而至焉。之人也，虽非彝教庸行，而胚间气秉绝识，超越凡庶万万也。企而慕之者，人人而然，能几其仿佛者谁欤？名不混世，实不离世，秽秽营营，卒与蠕软肖翘之类俱为尘泥，其亦可哀也夫！今子出乎四民之外，不与游方之内者为徒，讵可但以大其居，久其名之为务哉！必有事焉可也。他日朝燕暮越，瞬息八极，冷然御风，过三神山之顶，临睨旧乡而一笑，下戏人间，自称回道人，非子也耶？道士改容曰："敬闻命，敬闻命。"于是乎书以遗之。日余十有二杓，贞于天田，延祐第六春也。

至治二年二月十九日集贤直学士吴澄撰，翰林学士赵孟頫书，集贤直学士袁桷篆额

附三：《全元文》录本影印

大瀛海道院記

外察乎天，内包乎地，三旁無垠，而下無底者，大瀛海也。非沖融混冥〔一〕，智周寥廓，能納六合於方寸，未易與語此。而有客授予以大瀛海之圖，爲之瞿然以驚。謂客曰：「此惡可圖也？而孰爲爲之哉？」展而視之，則荒厓斥澤之間，浮沙淺水之上，一勺之沮洳，一撮之塉瘠，夫豈沖和清淵明秀之所鍾！乃或堂而構焉，以爲栖霞餐露之館，而冒之以是名也，又爲之喟然以吁。授圖者曰：「達人奚索之之深也？鄞之東南百里達于海，舟行八十里曰象山，有縣。縣之東二十里曰爵溪，潮汐齧衝，賈舶絡繹，東望日本，南走天台。世傳神仙安期生之往來也，故其民至于今好仙道，其鄉曰游仙。至元癸未，鄉之人王翁棄妻子，改名一真，結屋其隈，延接方外之交。前代善書之人嘗有『大瀛海』三字，購而得之，因以爲扁。大德丁未，天台崇道觀道士呂虚夷爲縣令禱雨有應，王翁一見而莫逆也，遂與共處。王逝而呂嗣，主教者命之世守，方將資衆力大其居，又欲資一言久其名也，爲是手圖以來。蟻之於垤也，蝸之於殼也，涔蹄之於廣居大囿也，亦各適其適也，而達人奚索之之深耶？」予於是進道士，與語曰：「子生長海瀕，請爲子竟瀛海之説。《禹貢》叙事至訖于四海而止訖者〔二〕，地之盡處也。海之環旋，東、西、南、北相通也，而西海、北海人所不見，何也？西北地高，或踞高窺下，則見極深之壑，如井沉沉然，蓋海云。東南地卑，海水旁溢，不啻萬有餘里。中國之地廣輪方三千里耳，而東連海岸，以勾股稽之，水之所浸，倍於中國之地二十而羨，其間洲島國土不可勝窮，若三神山者，蓋不知其幾也，奚獨蓬萊、方丈、瀛洲也哉？載籍之所不記，人跡之所不及，而惟長年度世之流，形質銷鑠，神氣瀓凝，逍遙飛步乎太空之中者得而至焉。人也雖非彝教庸行，而胚間氣秉絶識〔三〕，超越凡庶萬萬也，企而慕之者人人而然，能幾彷佛者誰與？名不混世，實不離世，稷稷營營，卒與蠕耎肖翹之類俱爲塵泥，其亦可哀也夫！今子出乎四民之外，不與遊方之内者爲徒，詎可但以大其居、久其名之爲務哉？必有事焉可也。他日朝燕暮越，瞬息八極，泠然御風，過三神山之頂，臨觀舊鄉而一笑，下覰人間，自稱爲道人，非子也耶？」道士改容曰：「謹聞命，敬聞命。」於是乎書以遺之。

〔一〕非沖融混冥：沖，底本作「神」，據文淵閣四庫本改。

〔二〕禹貢叙事至訖于四海而止訖者：四，底本作「西」，據文淵閣四庫本改。

〔三〕秉絶識：秉，底本作「東」，據文淵閣四庫本改。

附四：《〈大瀛海道院记〉碑考》录本影印

大瀛海/道院记，集贤直学士、奉议大夫、袁桷篆额，/翰林学士承旨、荣禄大夫、知制诰兼修国史赵孟頫书丹，/集贤直学士、奉议大夫吴澄撰文。/外际乎天，内包乎地，三傍无垠，而下无底者，大瀛海也。非神融混冥，知周寥廓，能纳六合于方寸，未易与语此。/而有客授予大瀛海之图，为之瞿然以惊，谓客曰："此恶可图也，而孰为为之哉？"展而视之，则荒崖斥泽之间，浮/沙浅土之上，一勺之沮洳，一撮之埆瘠，夫岂冲和清淑，明秀灵异之所钟，乃或堂而构焉，以为栖霞餐露之馆，/而冒之以是名也。又为之喟然以吁。授图者曰："达人奚索之之深耶！鄞之东南百里达于海，舟行八十里曰象/山，有县。县之东二十里曰爵溪，潮汐啮冲，贾舶络绎，东望日本，南走天台，世传神仙安期生之属所往来也。故/其民至于今好仙道，而其乡曰游仙。至元庚寅，乡之人王翁，弃妻子，改名一真，结屋其隈，延集方外之友。前代/善书之人尝有'大瀛海'三字，购而得之，因以为匾。大德丁未，天台崇道观道士吕虚夷为县令祷雨，有应。王翁/一见而莫逆也，遂与共处。王逝而吕嗣，主教者命之世守。方将资众力大其居，又欲资一言久其名也，为是乎/图以来。蚁之于蛭也，蜗之于壳也，奎踽之如广宫大囿也，亦各适其适也，而达人何索之之深耶。"于是遂进道/士，与语曰："子生长海滨，请为子竟瀛海之说。《禹贡》叙事至讫于四海，而止讫者，地之尽处也。海之环于东西南/北，相通也。而西海、北海人所不见，何也？西北地高，或踞高窥下，则见极深之壑，如井沉沉然者。盖海之东南地/卑，海水旁溢，不啻万有余里。中国之地，广轮方三千里耳，而东连海岸，以勾股稽之，水之所浸倍于中国之地/者二十而羡。其间洲岛国土，不可胜穷，若三神山者，盖不知其几也，奚独蓬莱、方丈、瀛洲也哉！载籍之所不记，/人迹之所不及，而惟长年度世之流，形质销铄，神气澄凝，逍遥飞步乎太虚之中者，得而至焉。之人也，虽非彝教/庸行，而胚间气秉绝识，超越凡庶万万也。企而慕之者，人人而然，能几其彷佛者谁欤？名不混世，实不离世，稷/稷营营，卒与蠕软肖翘之类俱为尘泥，其亦可哀也夫！今子出乎四民之外，不与游方之内者为徒，讵可但以/大其居、久其名之为务哉？必有事焉可也。他日朝燕暮越，瞬息八极，泠然御风，过三神山之顶，临睨旧乡而一/笑，下戏人间，自称'回道人'，非子也耶？"道士改容曰："敬闻命，敬闻命。"于是乎书以遗之。日余，十有二杓贞于天田，/延祐第六春也。/至治二年二月十九日?……

外际乎天，内包乎地，三旁无垠[1]，而下无底者，大瀛海也。非神融混溟，知周寥廓，能纳六合于方寸，未易语此。

而有客授予大瀛海之图，为之瞿然以惊。谓客曰：“此恶[2]可图也，而孰为为之哉？”展而视之，则荒崖斥泽之间，浮沙浅土之上，一勺之沮洳[3]，一撮之埆瘠[4]，夫岂冲和清淑、明秀灵异之所钟，乃或[5]堂而构焉，以为栖霞餐露之馆[6]，而冒之以是名也。又为之喟然以吁。

授图者曰：“达人奚索之[7]之深耶！鄞之东南百里达于海，舟行八十里曰象山，有县。县之东二十里曰爵溪，潮汐啮冲，贾舶络绎，东望日本，南走天台，世传神仙安期生之属所往来也。故其民至于今好仙道，而其乡曰游仙。至元庚寅，乡之人王翁，弃妻子[8]，改名一真，结庐其隈，延集方外之友。前代善书之人尝有‘大瀛海’三字，购而得之，因以为匾。大德丁未，天台崇道观道士吕虚夷为县令祷雨有应，王翁一见而莫逆也，遂与共处。王逝而吕嗣[9]，主教者命其世守。方将资[10]众力大其居，又欲资一言久其名也，为是乎图以来。蚁之于垤[11]也，蜗之于壳也，奎蹄[12]之如广宫大囿[13]也，亦各适其适也，而达人何索之深耶？”

于是，遂进道士与语曰：“子生长海滨，请为子竟[14]瀛海之说。

“《禹贡》叙事至迄于四海，而止讫者，地之尽处也。海之环于东南，西北相通也，而西海、北海，人所不见。何也？西北地高，或跻高窥下，则见极深之壑，如井沉沉然者。盖海之东南地卑，海水旁溢，不啻万有余里。

“中国之地，广轮[15]方三千里耳。而东连海岸，以勾股稽[16]之，水之所浸倍于中国之地者二十而羡[17]。其间洲岛国土，不可胜穷。若三神山者，盖不知其几也。奚独蓬莱、方丈、瀛洲也哉！

“载籍之所不记，人迹之所不及，惟长年度世[18]之流，得而至也。之人也，非彝教庸行[19]，而胚间气秉绝识，超越凡庶万万也。

“企而慕之者，人人而然，能几其仿佛者谁欤？名不混世，实不离世，稷稷营营[20]，卒与明见蠕软[21]肖翘[22]，俱为尘泥，其可哀也夫！

① 另一旁乃爵溪。
② 恶：怎么。
③ 沮洳：低湿地。
④ 埆瘠：贫瘠地。
⑤ 乃或：竟然便。
⑥ 栖霞餐露之馆：仙人止息的地方。
⑦ 奚索之：为什么追究它。
⑧ 妻子：老婆和孩子。
⑨ 嗣：继承。
⑩ 资：借。
⑪ 垤：小土堆。
⑫ 奎蹄：两腿之间的小地方。
⑬ 囿：圈养动物的园林。
⑭ 竟：讲透。
⑮ 广轮：广阔。
⑯ 稽：核算。
⑰ 羡：有余。
⑱ 长年度世：仙人。
⑲ 彝、庸都解作平常。
⑳ 稷稷营营：聚在一起劳劳碌碌。
㉑ 蠕软：如蚯蚓之类。
㉒ 肖翘：如蚊、蝇之类细小飞行动物。

“今子出乎四民之外[1]，不与游方之内者为徒，讵可但以大其居，久其名为务哉！必有事[2]焉可也。他日朝燕暮越，瞬息八极，泠然御风，过三神山之顶，临睨旧乡而一笑，自称回道人，非子也耶？”道士改容曰：“敬闻命，敬闻命。”于是乎书以遗之。

日余[3]，十有二杓贞于天田[4]，延祐第六春也。

① 四民之外：方外之人。
② 有事：更高的追求。
③ 日余：夕阳尚有余晖时分。
④ 十有二杓贞于天田：旋转了十二次的北斗星斗柄正指天田星，即正月。

大瀛海道院記

至治二年（1322）二月

【碑文】

大瀛海道院記（篆額）

集賢直學士奉訓大夫吳澄譔文

翰林學士承旨榮祿大夫趙孟頫書丹

集賢直學士奉訓大夫袁桷篆額

外際乎天，内包乎地，三旁無垠，而下無底者，大瀛海也。非神融混冥，智周寥廓，能納六合于方寸，未易以語此。而有客授予大瀛海之圖，為之瞿然以驚，謂客曰："此惡可圖也，而孰為為之哉？"展而視之，則荒厓斥澤之間浮沙淺土之上，一勺之沮洳，一撮之堎瘠，夫豈沖和清淑，明秀靈異之所鍾。乃或堂而構焉，以為栖霞餐露之館，而冒之以是名也，又為之喟然以吁。授圖者曰："達人奚索之之深耶！鄞之東南百里達于海，舟行八十里曰象山有縣。縣之東二十里曰爵溪，潮汐齧衝，賈舶絡繹，東望日本，南走天台，世傳神仙安期生之屬所往來也。故其民至于今好仙道，而其鄉曰遊仙。至元庚寅，鄉之人王翁，棄妻子，改名一真，結廬其隈，延集方外之友。前代善書之人嘗有'大瀛海'三字購而得之，因以為扁。大德丁未，天台崇道觀道士呂虛夷為縣令禱雨有應，王翁一見而莫逆也，遂與共處。王逝而呂嗣，主教者命之世守。方將資衆力大其居，又欲資一言久其名也，為是乎圖以來。蟻之於垤也，蝸之於殼也，奎蹄之如廣宮大囿也，亦各適其適也，而達人何索之之深耶？"于是，遂進道士，與語曰："子生長海濱，請為子竟瀛海之說。《禹貢》敘事至訖于四海，而止訖者，地之盡處也。海之環於東南西北，相通也。而西海、北海人所不見，何也？西北地高，或踞高窺下，則見極深之壑，如井沉沉然者。蓋海之東南地卑，海水旁溢，不啻萬有餘里。中國之地，廣輪方三千里耳，而東連海岸，以勾股稽之，水之所浸倍于中國之地者二十而羨。其間洲島國土，不可勝窮，若三神山者，蓋不知其幾也，奚獨蓬萊、方丈、瀛洲也哉！載籍之所不記，人跡之所不及，而惟長年度世之流，形質銷鑠，神氣瀲凝，逍遙飛步乎太空之中者，得而至焉。之人也，雖非彝教庸行，而胚間氣秉絕識，超越凡庶萬萬也。企而慕之者，人人而然，能幾其彷佛者誰與？名不混世，實不離世，稷稷營營，卒與蝡耎肖翹之類俱為塵泥，其亦可哀也夫！今子出乎四民之外，不與遊方之内者為徒，詎可但以大其居，久其名之為務哉？必有事焉可也，他日朝燕暮越，瞬息八極，泠然御風，過三神山之頂，臨睨舊鄉而一笑，下戲人間，自稱'回道人'，非子也耶？"道士改容曰："敬聞命，敬聞命。"于是乎書。以遺之日余十有二，杓貞于天田，延祐第

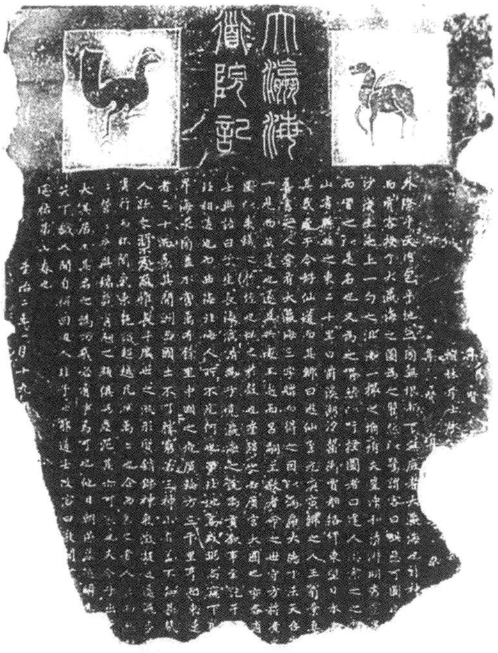

大瀛海道院記（原碑）

明重刻碑

六春也。

至治二年一月十九日（下缺）

萬曆丙午歲孟冬之吉重立

周生草廬先生之後，讀其書、服習其訓者，亦既有年矣。今來為象令數月，獲覽是碑，若怳然親炙先生者。夫先生之流風遺教，固不限於地，廼所謂怳然者不得之彼而得之此。豈習慣者以為常，而驟然者乃足悟耶？毋亦守簿書、督錢穀，將化為俗吏，莫有以真人之言謦效（欬）其側，忽覩元元一脉者而喜耶！昔伯牙學琴於城（成）連，數年不得，移之海濱無人之境，數月而得。周於先生之道，得與否所不敢妄論，其與伯牙學琴之意，則庶幾近之矣。歲久石圮，命工改鐫，浪書數語，以紀其事。

象令賓水宗裔吳學周識

□史象賢摹

□江孫仲元鐫

第五章　元碑碑文析读

《大瀛海道院记》碑文如此有名，那么它究竟说了些什么，亦即其义理何在？本章拟通过全文结构分析、正文分层注译及其所蕴含的理学义理诠解与社会价值简析，以答此问。

第一节　全文结构分析

碑文全文817字，由四部分组成：一、标题『大瀛海道院记』6字；二、撰者署名『集贤直学士、奉议大夫吴澄撰』12字，书者署名『翰林学士承旨、知制诰赵孟頫书』13字，篆额者署名『集贤直学士、奉议大夫袁桷篆额』13字，计38字；三、正文即吴澄的《大瀛海道院记》，763字；四、建碑时日『至治二年二月十九日建』，10字。

其中标题加正文，再加建碑时日，共计779字，是碑文之主体。今按其文意，分为七个层次：

第一层次（从『外际乎天』开始，到『未易与语此』为止），是撰者对『大瀛海』的基本看法。从中提出了如何才能说清楚『大瀛海』这一问题，为下文『竟瀛海之说』作铺垫。

第二层次（从『而有客授予《大瀛海之图》』开始，到『又为之喟然以吁』为止），是撰者观看《大瀛海之图》前后的感觉。他先是一惊：『为之瞿然以惊。』接着是一问：『此恶可图也？』在『展而视之』之后又是一叹：『喟然以吁！』由此，点明了大瀛海道院所处的自然环境。

第三层次（从『授图者曰』开始，到『而达人何索之之深耶』为止），是撰者借『授图者』之口，分述了大瀛海道院的地理位置、历史背景和建院过程，并进而表明了『授图者』之所以『为是手图以来』的目的，即要求撰者『资一言久其名也』。这也为下文向道士提出『讵可但以大其居、久其名之为务哉』之告诫埋下了伏笔。

第四层次（从『于是遂进道士与语』开始，到『非子也耶』为止），是撰者向道士所作的一番进言：他先为道士『竟瀛海之说』，从『《禹贡》叙事』到『以勾股稽之』，再到『载籍之所记，人迹之所不及』，说明『大瀛海』之浩瀚，结论是『惟长年度世之流』者方能『而至焉』。接着，话锋一转，提出了问题的要害：『企而慕之者，人人而然。能几其仿佛者谁与？』并指出：『名不混世，实不离世，稯稯营营，卒与蠕耎肖翘之类，俱为尘泥，其亦可哀也夫！』进而，以反诘句告诫道士：『今子出乎四民之外，不与游方之内者为徒，讵可但以大其居、久其名之为务哉？』最后是期望道士不要做『回道人』。这是正文的主旨所在，亦即说海论道，告诫道士。

第五层次（从『道士改容曰』开始，到『于是乎书以遗之』为止），在见到道士『改容』并听到道士『敬闻命，敬闻命！』表态之后，撰者才作此记以赠之。这场对话到此结束。

第六层次（从『日余』开始，到『延祐第六春也』为止），是吴澄所具的撰文时日。

第七层次即建碑年月日（至治二年二月十九日建）。

从上述结构层次分析，可见撰者吴澄乃是以与『授图者』和『道士』对话的方式铺陈谋篇的。全文构思巧妙，义理深邃，而语言又深入浅出，明白易懂。读来神采飞扬，清婉超越，亲切感人，又不失典雅宏丽。真不愧是文学大家之手笔！

第二节　正文分层注译

根据上一节分析，本节拟对正文各个层次分别予以注解和今译，以便深入领悟文中所蕴含的义理，亦即回答『正文究竟说了些什么』这个实质性问题。

第一层次：

外际乎天，内包乎地①，三旁无垠而下无底者②，大瀛海也③。非神融混冥、智周寥廓、能纳六合于方寸，未易与语此④。

【注解】

①外：海外。际：连接或接近。乎：介词，相当『于』。天：天空。内：海内。包：包围或包容。地：中国之地。

②三旁：即三边，指大瀛海之北、东、南三边。无垠（yín）：无边或无际。下无底：形容大海之深。古人称『大海无底』。今据科学考测，即使是西太平洋最深的马里亚纳海沟（大部分水深八千余米，其中斐查兹海渊深一万一千零三十四米）也有海底。

③大瀛海：即大海。瀛，形容大海之浩瀚。不过，历史上常指东海大洋为『瀛海』。也：句末语气词，表示判断。

④此句语意为：心神未融洽于混沌冥晦的世界，心智未遍及空虚寂静的天空，不能容纳天地和东南西北四方于心中，就不容易与人说清楚大瀛海。非：副词，不、不是。神融：心神融洽。混冥：混沌冥晦，指世界。智周：心智遍及。周，此作『遍及』解。寥廓：空虚寂静，指天空。纳：容纳、纳入。六合：天地和四方（东、南、西、北四方）之合称。方寸：原指一寸见方，此指心、心中。未易：不易。此：指示代词，指代大瀛海。全句为双重否定句，犹言：只有心神融洽于混沌冥晦的世界，心智遍及空虚寂静的天空，能够容纳天地和四方于心中，才

能与人说清楚大瀛海。这是撰者启发人们如何才能说清楚大瀛海的关键，也是他在下文『竟瀛海之说』的立意所在。

【今译】

外接近于天空，内包围于陆地，三边无际而其下无底的，是大瀛海。心神未融洽于混沌冥晦的世界，心智未遍及空虚寂静的天空，不能够容纳天地和四方于心中，就不容易与人说清楚大瀛海。

第二层次：

而有客授予《大瀛海之图》①，为之瞿然以惊②。谓客曰：『此恶可图也③？而孰为为之哉！④』展而视之，则荒厓斥泽之间⑤，浮沙浅土之上⑥，一勺之沮洳⑦，一撮之塥瘠⑧。夫岂冲和清淑、明秀灵异之所钟⑨，乃或堂而构焉⑩，以为栖霞餐露之舘⑪，而冒之以是名也⑫。又为之喟然以吁⑬！

【注解】

①而：连词，表示转折，作『然而』解。客：来客、客人，即下文『授图者』。疑指程端礼旧友、东江书院创办人王进德或是程端礼在建康的旧日门生（姓名无考）。授，此作赠解。

予（yú），此作『我』解。《大瀛海之图》，实即《大瀛海道院图》。时有陈旅所作《题庆元大瀛海道院图》一诗可证。柳贯亦有《题瀛海图因忆旧游》一诗，内有『吾诗与君画，倾写尽琼瑰』句，可证此图为吕虚夷亲手所绘（详见本书第六章第二节注释）。从中可知，吕虚夷当年凡是向名公、士大夫访求诗文，一般都先赠以此类画作。

②瞿然以惊：瞪目而视，感到惊奇。

③此恶可图也：这大瀛海如何能画成图画呢？恶（wū），疑问词，此作『如何』『怎么』解。也，语气词，犹『呢』。

④而孰为为之哉：你这是为谁作此图的啊！而：代词，同『尔』，此作『你』解。孰：谁、谁人。前后两个『为』字，前者是介词，表示目的；后者是动词，犹『作』。哉：语助词，表示感叹，犹『啊』。

⑤荒厓斥泽之间：荒僻山边与盐碱沼泽之间。

⑥浮沙浅土之上：浮动沙滩与浅薄土壤之上。爵溪从前海边多沙湾沙滩，有『黄沙十里』之称。二十世纪七八十年代因围塘造地大部分消失，今下沙、白沙湾一带尚存多处沙滩。

⑦一勺：容量单位。旧时以十撮为一抄，十抄为一勺，十勺为一合（gě），十合为一升。一勺即一合的十分之一、一升的百分之一，意为容量极小。沮洳（jù rù）：低湿泥泞之地。

之土。

⑧一撮：一抄的十分之一、一勺的百分之一，意为容量更小。埆（què）瘠：贫乏瘠薄之土。

⑨夫（fú）：指示代词，相当于『这』『这个』。岂：表示猜度，犹『也许』。冲和清淑：淡泊平和而清虚淑慎。明秀灵异：明朗秀气而灵性异常。此二者均指超然于世之人（意谓道士）。钟：钟爱，特别喜爱。

⑩乃或：于是便有。或，作『有』解。堂而构焉：筑基建房于此。堂，指筑堂基。构，指建房舍。焉，作『于此』解。

⑪以为：作为。栖霞餐露之舘：栖息云霞、服食雨露之所。意为道家修炼场所，实指大瀛海道院。

⑫而：连词，作『因而』解。冒：通『帽』，即『冠戴』。此作『冠名』解。是名：这个名称，即大瀛海道院。

⑬喟（kuì）然：感叹、叹息貌。吁（xū）：叹气，如『唏嘘』。

【今译】

然而有客人赠我《大瀛海道院之图》，令我为此瞪目而视并感觉惊奇。所以对客人说：『这大瀛海如何能画成图画呢？你这是为谁作此图的啊！』打开此图观看，则是在荒僻山边与盐碱沼泽之间，浮动沙滩与浅薄土壤之上，一勺低湿泥泞之地，一撮贫乏瘠

薄之土。这也许是淡泊平和而清虚淑慎、明朗秀气而灵性异常之人所特别喜爱的，于是便有筑基建房于此，作为栖息云霞、服食雨露之所，因而冠名『大瀛海道院』。我又为此感叹唏嘘。

第三层次：

授图者曰：『达人奚索之之深耶①？鄞之东南百里达于海，舟行八十里曰象山②，有县③。县之东二十里曰爵溪④，潮汐啮冲⑤，贾舶络绎，东望日本，南走天台⑥，世传神仙安期生之属所来往也⑦。故其民至于今好仙道，而其乡曰游仙⑧。至元庚寅⑨，乡之人王翁弃妻子，改名一真，结屋其隈，延集方外之友⑩。前代善书之人尝有「大瀛海」三字，购而得之，因以为扁⑪。大德丁未⑫，天台崇道观道士吕虚夷为县令祷雨有应⑬。王翁一见而莫逆也⑭，遂与共处。王逝而吕嗣⑮，主教者命之世守⑯。方将资众力大其居⑰，又欲资一言久其名也⑱，为是手图以来⑲。蚁之于垤也，蜗之于壳也，奎蹄之如广宫大囿也⑳，亦各适其适也㉑。而达人何索之之深耶？』

【注解】

①达人：通达事理的人，亦称『达观之人』，此指撰者吴澄，作『先生』解。奚索之之深

耶：为何探索这里如此至深呀？奚，疑问词，作『为何』『为什么』解。索，探索、求索。前后两个『之』字，前者是指示代词，如『这里』『这个』；后者是动词，如『至』。耶，语气助词，相当于『呀』或『啊』。

②这是当年庆元路鄞城（今宁波市区）通往象山的主要行旅路线，即从鄞城向东南步行近百里，至鄞港（即象山港）北岸翔鹤潭渡（今属鄞州区），乘航船，过鄞港及支港西罟港（今西沪港）到达象山县黄溪渡口，再步行十里抵象山县城（丹城镇）。

③有县：象山自唐神龙二年（706）立县。

④爵溪实际在丹城之东十五六里处，三面环山，东临大海。旧时与丹城以岭道相通。今有隧道连贯，与中心城区仅七八里之距。爵溪之地名由来，说法不一。南宋宝庆《四明志》：『县东游仙乡有雀溪保，在县东十五里。』明嘉靖《宁波府志》载，（爵溪）村西南一溪东注入海，沿溪林木荫翳，鸟雀甚多，故名。清乾隆倪象占《蓬山清话》：『相传唐之前爵溪巡检司在西周，今尚存「司前」之地名。西周有溪称「长溪」，疑为「爵」转音也。后巡检司移于东乡，地名亦移也。』其实，『爵溪』由『雀溪』谐音而来，因为『爵』与『雀』不但近音，而且古时二字相通，均是『小鸟』之谓。民国十八年（1929），爵溪设乡。1953年置爵溪镇。1958年成立东方红人民公社，旋改爵溪大队、爵溪管理区。1961年改设爵溪人民公社。1983年复为县直属镇。2003年改置爵溪街道，至今。

⑤潮汐啮冲：海潮涨落啃岸冲刷。啮（niè），啃、咬。冲，冲击、冲刷。

⑥此三短句，写海上商贸航路。贾（gǔ）舶，商船。络绎，即来往不绝，形容商贸活动频繁。东望日本：商船向东可达日本国。南走天台：向南可通往台州、温州，直至闽粤。天台，泛指南方各地。

⑦象山关于安期生『云游邑东』之传说由来久远。安期生，秦汉时代方士，事见《史记·封禅书》：『汉武帝以方士李少君言，遣使入海求蓬莱仙人安期生之属。』同书又在《乐毅列传》中称，河上丈人以黄老教安期生。数传至盖公，为曹参之师。后代传说愈多，为道家神仙之名。在民间则传说他本姓郑，名安期，秦代琅琊人，曾长期在海边卖药行医，医术高明，后来成了神仙，所以世人称之为『安期生』。他之所以能成仙，据说是吃了一种像瓜那么大的枣子。唐代大诗人李白有『亲见安期生，食枣大如瓜』句。又传，这种枣子不但体大，而且坚硬，要煮三天三夜才能熟，香气可飘十里之外，病者闻了可以痊愈，死者闻了可以复生。人若吃了这种煮熟的枣子，就能成仙。秦始皇听说后，将他请到咸阳，与他密谈了三天三夜，并赐他黄金、白璧，要他入海求取长生不老之药。但他却并不领情，将秦始皇所赐黄金、白璧封存在『阜乡亭』，云游天下，往来于山海之间。一说，他曾驻足今舟山市普陀区桃花岛。此岛即由安期生以醉墨泼于山石之上呈现桃花纹理而得名。与桃花岛一海之隔的象山县海岛双泉山，以及县东爵溪一带，也成了安期生和他的门徒往来云游之地。双泉山

后来也因此得名『道人仙』。爵溪如今还留有一条『游仙路』。

⑧其乡曰游仙：游仙乡始置于北宋景德三年（1006），辖区在县境东乡，设和顺里（旧名三山里）与竺山、鸭屿、东村、珠溪、钱仓、梅溪、爵溪、赤坎等十保。元沿宋制。明设一里四村：和顺里与竺山、鸭屿、钱仓、梅溪村，辖第十八至第二十四都。清初改辖第十五、十六、十八、二十都。宣统二年（1910），析为磐安、怀珠、宝海三乡，其中原十五都之赤坎以西各村划归靖南乡。至此，游仙乡名才废去。

⑨至元庚寅：元代有前后两个『至元』年号。前者是元世祖忽必烈之年号『至元』，历三十一年（1264—1294）。后者是元顺帝妥懽帖睦尔第二个年号『至元』，仅历六年（1335—1340）。考农历『庚寅』年，为后者所无，系指元世祖至元二十七年（1290）。

⑩王翁：上文第一章第一节已考述，不赘。妻子：妻室与子女。结屋其隈：构建道舍于爵溪入海口。结：作『构建』解。屋，作『道舍』解。隈（wēi），山水弯曲处。今考大瀛海道院原址，即在原雀溪入海口北岸。延集，即延请邀集。方外之友：修道的朋友，即道友，或即道士。

⑪前代：当指宋代。善书之人：善于书法的人士，或即书法家。扁：作『扁表』解，见前文考释。

⑫大德丁未：元成宗大德十一年（1307）。其时，距王一真建院已17年。

⑬天台崇道观道士吕虚夷：前文已考释。县令：元代各路总管府及州、县均置『达鲁花赤』，为掌印官，即正官。象山为中县，置『达鲁花赤』一员，秩七品，别称『监县』，负掌印、监察之责。大德十一年前后，象山监县『达鲁花赤』为蒙古族人岳合难。同时设县尹一员、县丞一员、主簿一员、县尉一员、典史一员。但县尹等姓名为志史所不载

⑭莫逆：无所违逆，表示彼此之间情投意合，友谊深厚。有『莫逆之交』之谓。

⑮王逝：王一真逝世。不过道家习称逝世为『羽化』，意为变化飞升成仙。吕嗣：吕虚夷继承。嗣，动词，如『嗣位』，作『继承』『接续』解。

⑯主教者：当年县设『道会司』，主管道教事务。但主其事者，姓名无考。命：作『指定』『指派』解。世守：终世守持道院。

⑰方将：正要，正在。资：借助、依托、依靠。众力：民众之力，包括财力、物力和人力。大其居：扩大道院的殿宇。

⑱又欲资一言久其名：又想借助名家题赠诗文以久存道院名声。

⑲为是手图以来：为此亲手画了这幅图前来求见。

⑳『蚁之于垤，蜗之于壳』，语出唐柳宗元《乞巧文》：『蚁适于垤，蜗休于壳。』喻房屋狭小简陋。

㉑亦各适其适也：语承前意，虽然院舍狭小简陋，但是诸神之像和道众生活却能各自适从

其适宜之所。前后两个『适』字，前者是动词，如『适从』『适处』；后者是形容词，如『适宜』『适合』。也：语气助词，表示肯定。

【今译】

授图者说：『先生为何探索这里如此至深呀？从鄞县往东南方向行走近百里到达海边，再乘船航行八十来里就是象山县。县城之东二十来里的地方叫爵溪。这里海潮涨落啃岸冲刷，商船来往络绎不绝，往东可以遥望日本国，向南可以通往台温以至闽粤各地。世传神仙安期生和他的门徒曾经云游此地，所以这里的民众至今还信仰神仙，而且乡名就叫游仙乡。至元二十七年（1290），乡人王翁抛妻别子，改名一真，构建道舍于爵溪山海弯曲之处，并且邀集方外之友一起修道。宋代善于书法的人曾经写有「大瀛海」三个大字，王一真购得此字，将其张贴在道舍的门楣上作为扁表。到了大德十一年（1307），天台桐柏山崇道观道士吕虚夷为象山县求雨而应验，王一真与他一见便成了莫逆之交，随即与他一起来道院修道。王道士羽化后，由吕虚夷继承。县里主理道教事务的人指定他世守道院。吕正要借助民众之力扩大院舍，又想借助名家之言久存道院的声名。为此亲手画了这幅图画前来求见。这真像蚂蚁在小土堆里筑穴，蜗牛在蜗壳里做窝，狭小之地竟然成了高大的宫殿和宽广的庭院，也能使诸神之像和道众生活各自适从

其适宜之所。然而先生为何探索这里如此至深呀？』

第四层次：

于是遂进道士与语[1]，曰：『子生长海滨[2]，请为子竟瀛海之说[3]。《禹贡》叙事至讫于四海[4]。而止讫者，地之尽处也。海之环于东南，西北相通也。而西海、北海人所不见。何也？西北地高，或踞高窥下，则见极深之壑[5]，如井沉沉然者[6]。盖海云东南地卑，海水旁溢，不啻万有余里[7]。中国之地广轮方三千里耳[8]，而东连海岸。以勾股稽之[9]，水之所浸倍于中国之地者二十而羡[10]，其间洲岛国土不可胜穷[11]。若三神山者，盖不知其几也。奚独蓬莱、方丈、瀛洲也哉[12]？载籍之所不记，人迹之所不及，而惟长年度世之流，形质销铄，神气澄凝，逍遥飞步乎太空之中者得而至焉[13]。之人也，虽非彝教庸行，而胚间气秉绝识，超越凡庶万万也[14]。企而慕之者，人人而然，能几其仿佛者谁与[15]？名不混世，实不离世，稯稯营营，卒与蠕耎肖翘之类俱为尘泥，其亦可哀也夫[16]！今子出乎四民之外，不与游方之内者为徒，讵可但以大其居、久其名之为务哉[17]？必有事焉，可也[18]。他日朝燕暮越，瞬息八极，泠然御风，过三神山之顶[19]，临睨旧乡而一笑，下戏人间，自称「回道人」，非子也耶[20]！』

【注释】

①遂进道士与语：遂，作『于是』解。进，即『进言』，用比较客气的口吻提供意见与建议。道士，当指吕虚夷门徒郑守仁。他是奉吕指派与授图者一起前往求见吴澄的。因此，吴澄转而向他进言。

②子：古人对男子的一种尊称，犹今之『先生』。对道士而言，宜作『师父』解。

③请为子竟瀛海之说：请师父明白大瀛海的说法。竟，即『穷究』，此作『明白』解。

④《禹贡》：古书《尚书》中的一篇，以自然分区方式记述当时中国的地理状况。篇中将全国分为九州，假托为夏禹治水后的政区制度。对黄河流域的山岭、河流、薮泽、土壤、特产、贡赋、交通等记述较详，而江淮流域的记载相对粗略。从而，把治水传说演绎成一篇珍贵的古代地理载籍。是中国最早的具有很高科学价值的地理著作。因为《禹贡》记述九州地理都只记到东南西北四海为止，所以说『至讫于四海』。讫（qì），通『迄』，作『到』『至』解。

⑤或：假使、倘若。壑（hè）：山谷，此指四海。

⑥如井沉沉然者：好比水井那样深沉似的。沉沉，形容深沉、沉寂。

⑦盖海云东南地卑：大概海是东南之地低。盖，副词，大概。云，作『是』解。卑（bēi），低，与高相对。不啻（chì），不只，不仅。

⑧广轮：南北地域之距离。三千里：这是元代南北疆域距离之说法。

⑨勾股：数学名词，『勾』指直角三角形直角之短边，『股』指直角三角形直角之长边。此指『勾股定理』：直角三角形斜边（弦）上的正方形面积等于两条直角边（勾、股）上的正方形面积之和。它们的比例是『勾三股四弦五』。稽之：稽考（计算）海的面积。

⑩水之所浸倍于中国之地者二十而羡：四海所浸没的面积要比中国之地大二十倍还要出头。这是古人的地理概念。羡，作『有余』『剩余』解。

⑪不可胜穷：不可胜数、穷尽。

⑫奚独：何独，哪里只有。也哉：疑问词，表示反问，犹『呢』。

⑬度世：出世，即超脱尘世，此指道士『成仙』。形质销铄、神气澄凝：人的形体枯瘦，天地之气澄清而凝聚。逍遥飞步乎太空之中者得而至焉：自由自在地优游太空的人才能到达那里。太虚，此指广大空间，即理学家所谓万物之本始与根源，有『太虚无形，气之本体』之说。

⑭之人也：这些人呀（指前注⑬这些人）。虽非彝教庸行：虽然不是按照常道平凡行事。彝教，常道、常理。庸行，平凡的言行。而胚间气秉绝识：然而先天之理气秉持卓绝见识。胚间，妇孕三月之谓（即胚胎初始发育阶段），意指先天。气：理气。超越凡庶万万也：超过平民百姓很多很多。万万得亿，意为很多很多。

⑮企而慕之者：企求而且仰慕这些人（指前注⑭那些人）的人。人人而然：个个都以为如

此。能几其仿佛者谁与：能够接近并且与这些人相像的有谁呢？与，通『欤』，疑问词，犹『呢』。

⑯名不混世，实不离世：名义上不混迹尘世，实际上并没有脱离世俗。稯稯（zǒng zǒng）营营：群聚在一起往来盘旋。稯稯，群聚的样子。营营，往来盘旋貌。卒与蝡耎（chuǎn ruǎn）肖翘之类俱为尘泥：最终与无足而能蠕动的小虫和细小而能飞空的蠓蝇之类都成为尘世泥土。卒，作『最终』『最后』解。蝡耎、肖翘，语出《庄子》：『蝡耎之虫，肖翘之物，莫不失其性。』唐代成玄英疏：『附地之徒曰蝡耎，飞空之类曰肖翘。皆轻小物也。』可知蝡耎乃是无足而能蠕动的小虫，肖翘则是细小而能飞空的蠓蝇（即飞蠓）。也夫：感叹词，犹『啊』。

⑰今子出乎四民之外：如今师父已超脱于世俗。四民，士、农、工、商四种人的合称，此作『世俗』解。不与游方之内者为徒：不与世俗之人为伴。游方之内者，指世俗之人。徒，作『同伴』解。讵可但以大其居、久其名之为务哉：怎么可以只以扩大居室、久存名声为要务呢？讵（jù），作『怎么』『岂能』解。但，只、只能。务，事务、要务。

⑱必有事焉，可也：如果必须这么做，那才可以。语接前句，吴澄并没有把话说死，意言特殊需要也是可以大其居、久其名的。这也许是针对当年社会上『重佛轻道』倾向，对吕虚夷这种做法的一种认可。

⑲他日：将来。朝燕暮越，瞬息八极：早上在北方燕国，晚上在南方越国，转眼之间到达

八方最远之地。泠然御风，过三神山之顶：轻妙地乘风，经过三神山之顶。泠然御风，语出《庄子·逍遥游》：『夫列子御风而行，泠然善也。』

⑳临睨旧乡而一笑，下戏人间：回视旧时家乡而觉得高兴，又下来嬉戏人间。语出《离骚》：『陟升皇之赫戏兮，忽临睨夫旧乡。』临睨（nì），即顾视、回视。回道人：回来重新修道的道士。非子也耶：不应当是师父你啊！也耶，感叹词，犹『啊』『呀』。

【今译】

于是立即向道士进言，说：『师父生长在海边，请师父明白大瀛海的说法。《禹贡》记述九州之事都记到东、南、西、北四海为止。而所到者，乃是地之尽头也。海之环绕于东南，西北相通也。然而西海、北海为人们所不见。这是为何？因为西北的地势高。倘使站在高处朝下面看，则看见很深的山谷，好比水井那样深沉似的。大概海是东南地势低下，海水在旁边漫溢，不只一万余里。中国之地南北距离三千里，而且东边连着海岸。如果以勾股定理计算大瀛海，海水所浸没的土地面积比中国之地大二十倍还有余。它的中间洲岛国土不可胜数、穷尽，比如三座仙山那样，不知有多少座，哪里只独有蓬莱、方丈、瀛洲啊？历代文献所不曾记载的，世人踪迹所不曾到过的，而只有长年出世之辈，形体枯瘦，天地之气澄清而凝聚，自由自在地优游于广大空间的人才能到达那里。这些人呀，虽

然不是按照常道平凡行事，然而先天之气秉持卓绝见识，超过世俗百姓很多很多。企求而且仰慕这些人的人，个个都以为如此。但是能够接近并且与这些人相像的有谁呢？名义上不混迹尘世，实际上并没有脱离世俗，群聚在一起往来盘旋，最终与无足而能蠕动的小虫和细小而能飞空的蠓蝇之类都成为尘世的泥土，这也是可悲的啊！师父你已超脱于世俗，不与世俗之人为伴，怎么可以只以扩大居室、久存名声为要务呢？如果必须这样做，那才可以。将来早上在北方燕国，晚上在南方越国，转眼之间到达八方最远之地，轻妙地乘风经过三座仙山之顶，斜视旧乡而觉得高兴，又下来嬉戏人间，自称是「回道人」，不应当是师父你啊！』

第五层次：

道士改容曰：『敬闻命，敬闻命！』①于是乎书以遗之②。

【注解】

①道士改容：郑守仁改变了容颜神色。敬闻命：敬词，『敬』字加在动词『闻』之前，表示对于对方的敬重，犹『敬听教诲』。重复两句，表示连声说，更显敬重。命，作『教诲』解。

②遗（wèi）：馈赠。

【今译】

道士郑守仁因此改变了容颜神色，连声说：『敬听教诲，敬听教诲！』于是，撰写此文以馈赠。

第六层次：

日余，十有二，杓贞于天田，延祐第六春也。

【注解】

这是撰写此记的时日。上文已考述，即：延祐六年四月十二日黄昏时分。

【今译】

延祐六年四月十二日黄昏时分，即公元1319年5月2日傍晚时分。

第七层次：

至治二年二月十九日建。

【注解】

此为建碑年月日，即公元1322年3月7日。

第三节　正文义理诠解

《大瀛海道院记》从字面看，似乎是一篇纯粹的记事散文，但透过字里行间，却不难窥见通篇蕴含着撰文者吴澄作为宋元理学大家的理学思想元素，尤其是他的『理气论』之哲学辨思。

文章一开头，吴澄即『开门见海』，提出了什么是大瀛海以及如何才能说清楚大瀛海这一命题。他说：『外际乎天，内包乎地，三旁无垠而下无底者，大瀛海也。』我们知道，中国古典思想家曾有『太极』学说，认为『太极函三为一』，『太极生天地』，有所谓『天圆地方』之说：『天圆如张盖，地方如棋局。』吴澄则在传承此说的基础上，运用理学的『理气论』解析世界的本原。他曾说：『天地之初，混沌鸿蒙，清浊未判，莽莽荡荡，但一气尔。及其久也，其运转于外者渐渐轻清，凝聚于中者渐渐重浊。轻清者积气成象而为天，重浊者积块成形而为地，天之成象者日月星辰也，地之成形者水火土石也。』既然世界原本是混沌不分的元气，因而人们只有心神融洽于混沌冥晦的世界，心智遍及空虚寂静的天空，能够容纳『六合』于心，才能说清楚大瀛海。这便是吴澄『理气论』『心为万理之所根』『心能觉知，心为主宰，心具众理』之见解。他还曾明言，心的作用是：『知天地，宰万物，以成性者也。』而且『理可以会通，事可以类推，智可以旁解』。这就是他要求人们能够容纳『六合』于心的理由之所在。关于『六合』，他曾有一诗表述之：『六合之外大无方，一气所到何渺茫。浮阳运转无停止，浊滓凝结留中央。不用安排理自然，能知其理为知天。』

接着，在观看《大瀛海道院之图》时，他之所以『一惊一问一叹』，也是基于『一气所到何渺茫』。世界如此之大，而图中所见的只是『荒厓斥泽之间，浮沙浅土之上，一勺之沮洳，一撮之塉瘠』。反差是多么大！不过，这里也许为『冲和清淑、明秀灵异之所钟，乃或堂而构焉，以为栖霞餐露之舘，而冒之以是名也』。这又是吴澄『理气论』的一种见解。

然后，在向道士『竟瀛海之说』的过程中，吴澄的『理气论』观点表露得更直接也更明白。他在说到什么样的人才能够到达『三神仙』这个命题时，指出『惟长年度世之流，形质销铄、神气澄凝、逍遥飞步乎太空之中者得而至焉。』这里的『长年度世之流』，显然是指超脱尘世的道士。但这还不够，还必须是『形质销铄，神气澄凝』，并且能够『逍遥飞步乎太空之中者』，方可『得而至焉』。这『形质销铄，神气澄凝』，就是吴澄的『人禀气于天，赋形于地』观点。他曾说：『人得天地之气而成形，有此气即有此理，所有之理谓之性。』进而又说：『性为最贵。最贵之中，又有不同。气有清浊，质有美恶，曰至曰贤，其品殊途。』以此来理解『形质销铄，神气澄凝』，亦即抑恶扬善，激浊扬清。只有如此，才能『逍遥飞步乎太空之中』。而『太空』即『太虚』，又是理学的一大命题。战国时，先儒将『太虚』视为世界万物的初始与根源。北宋理学家张载则提出『太虚即气』的论断，认为虚即是气，虚与气是统一的，是同一物质的不同表现形态。可见吴澄提出的『逍遥飞步乎太空之中』，则是一种更高的表现形态。他曾主张知性、养性而复性，说：『夫人之生也，以天地之气凝聚而有形，以天地之理付畀而有性。心者也，形之主宰，性之郛郭也。』又说：『天之与我，德性是也，是为仁义礼智之根株，是为形质血气之主宰。』因而，为人应当一本『仁义礼智之根株』，好比付之撑船航行（付畀）、安守城郭（郛郭），而能主宰形质血气，自由自在地优游广大空间之中，最终到达『三神山』那里。

进而，吴澄又指出：『之人也，虽非彝教庸行，而胚间气秉绝识，超越凡庶万万也。』意言这些能够到达『三神山』的人，虽然不是按照常道平凡行事，但他们因为先天之气就秉持卓绝见识，所以才能超越普通百姓很多很多。这更是吴澄『理气论』的『气生万物』和『理在气中』观点的直白表述。

因此，吴澄在《大瀛海道院记》中的『说海论道』，所论的『道』乃是根据他的理学思想尤其是『理气论』哲学思辨的种种阐发。可以说，这是一篇闪耀着宋元理学思想光芒的哲学著作。

只惜我对于吴澄的理学思想体系尚未完整认知，所以只能凭初步感觉，零零星星地点到为止。是否有当，敬请方家指教。

第四节　正文价值简析

经以上结构分析、分层注译和义理诠解，《大瀛海道院记》一文的社会价值，亦即存史、资治、教化意义已然可见。

（一）存史意义

首先，文中记述了象山县和爵溪的地理环境与人文历史。关于元代象山和爵溪的自然和社会状况，史志载籍历来很少直接记及。此记则通过对《大瀛海道院之图》的观察，将爵溪描述为『荒厓斥泽之间，浮沙浅土之上，一勺之沮洳，一撮之塥瘠』。又借『授图者』之口，述及象山和爵溪的地理位置在『鄞之东南百里达于海，舟行八十里曰象山，有县。县之东二十里曰爵溪』。而爵溪则是『潮汐啮冲，贾舶络绎，东望日本，南走天台』。从中可知，当年象山爵溪虽然地理环境偏僻，但东临大海，海上交通便捷，商贸活动已经相当发达，商船（贾舶）往来络绎不绝。接着，还述及爵溪一带『世传神仙安期生之属所来往也，故其民至于今好仙道，而其乡曰游仙』。从而，将象山和爵溪的人文历史推前到了秦代。我们知道，与安期生同时代的方士徐福，曾『隐迹』象山蓬莱观，两年后才率领其庞大船队东渡日本。所以，文中所言之『东望日本』，自然也意蕴了徐福『隐迹蓬莱』故事。如此说来，此记其实也是象山人文历史的重要文献。

其次，文中记述了大瀛海道院的初创与发展过程。从『至元庚寅，乡之人王翁弃妻子，改名一真，结屋其隈』，到『延集方外之友』，购得『大瀛海』三字『因以为扁』，再到十七年之后『大德丁未，天台崇道观道士吕虚夷……遂与共处』，大瀛海道院的初创过程十分明晰。在『王逝而吕嗣』之后，『世守』道院的吕虚夷更是『方将资众力大其居，又欲资一言久其名』，犹如『蚁之于垤也，蜗之于壳也，奎蹄之如广宫大囿也，亦各适其适也』。从中可见，当年道院的发展历程又是多么的艰难！虽然这座道院后来已不复存在，今后也不大可能恢复重建，但是，大瀛海道院作为爵溪乃至象山历史上曾经存续六百余年，且影响过多少代人的道教历史文化现象，今人不能采取历史虚无主义的态度，以至不屑一顾。而应当以历史唯物主义的观点去发掘它、研究它。对于它的发生、发展、消亡过程，及其对象山传统文化的历史性作用，作出客观的、实事求是的考察与评判。而要这样做，那么这篇《大瀛海道院记》就是重要的史实证据。

二、资治意义

首先，此记对于当年整饬大瀛海道院风气，无疑是一个有力的推动。由于此文在说海论道中，对道教的教规教义作出了深入浅出的阐述，不仅指出：『长年度世之流』应当是『形质销铄，神气澄凝，逍遥飞步乎太空之中者』，才能『得而至』三神山这样的境界。又指出：要达到这样的境界，必须是『非彝教庸行，而胚间气秉绝识，超越凡庶万万也』。然而，要成为这样的人，却是一件难事：『企而慕之者，人人而然，能几其仿佛者谁与？』由此，文中又对那些『名不混世，实不离世，稷稷营营』的道士和信众们提出了严肃的告诫，认为他们：『卒与蠕耎肖翘之类俱为尘泥，其亦可哀也夫！』尤其是文中对道士所进的那番话，更具有针对性：『今子出乎四民之外，不与游方之内者为徒，讵可但以大其居、久其名之为务哉？』进而，又热切期望道士：『他日朝燕暮越，瞬息八极，泠然御风，过三神山之顶』，千万不要『临睨旧乡而一笑，下戏人间，自称「回道人」』。道士听后，改变了神色，连声说：『敬闻命，敬闻命！』可见态度是诚恳的。时至今日，我们虽然无法知道当年的住持道士吕虚夷曾经据以采取过哪些整饬大瀛海道院风气的办法与措施，但是他能将此记刻石立碑，昭示道士和信众，即是一种最好的办法与措施。因为当年的宗教环境是『重佛轻道』，道院时刻都有面对存续与否的考验。而此碑的刻立，一方面可以昭示道众，整饬风气，另一方面则可增添道院的精神支撑，凭借三位名家的崇高资望，提高道院的社会知名度，实现『资一言以久其名』的目的，从而使道院在盛名之下得以存续和发展。这本身就是一种实实在在的资治价值。

其次，《大瀛海道院记》对于现下道观和道教团体加强道士、信众的教育与管理，也不乏资治价值。吴澄所言，虽然已经过去了将近七百年，但是联系现下道教界实际，其针对性似乎依然很强。尽管当前多数地方的道教活动场所尚未完全开放，道士和信众的数量还不多。不过，吴澄所指出的那种『名不混世，实不离世，稷稷营营』的道士，却不乏其类。时而可以见到身穿道服，装模作样，敲敲打打，为死者或丧户『驱妖捉怪』的场面。更可以见到打着道士旗号，四处占卜看相的人等。他们不仅骗敛百姓钱财，还与当今社会主流意识格格不入。这类『道士』，与吴澄所告诫和期望的，可谓相差十万八千里。说白了，尽是一些『假道士』！在这种情况下，作为负有教育管理之责的道观和道教团体，就应当好好读读这篇碑文，切实加强教育管理。在贯彻宗教信仰自由政策的同时，引导道众按照教规教义行事，整饬风气，弘扬传统，身体力行，做真正的道教文化传承人。

当前，各地正在学习贯彻习近平总书记在全国宗教工作会议上的讲话，结合各宗教情况，抓住主要矛盾，解决突出问题。可以相信，通过对讲话精神的学习与贯彻，道教界的局面定然为之一新。

（三）教化意义

这里想推而广之，就《大瀛海道院记》的普遍教化意义，亦即它对于其他信教或不信群体，特别是党员干部的教化价值，作点简要分析。

首先，对于信教群体，比如佛教徒，既然入了佛门，就要严格遵循佛教的教规教义，念好经，礼好佛。又如基督教徒，同样要按照教规教义，诵唱好《圣经》，礼拜好耶稣。其他宗教，自然也不例外。但现下的情况是，到处在滥用民力，修寺庙、建教堂，规模越来越大，规格越来越高。有的寺庙与教堂还因此负了巨债。这与吴澄的『讵可但以大其居、久其名之为务哉』的告诫，明显背道而驰。说是『民族宗教无小事』，而面对这种情况，却长期处于失管失控状态。这难道不应引起相关宗教团体和政府宗教主管部门的深思吗？当然，适当的宗教活动场所应当保证。但『无中生有』，无庵建寺、无庙建庙，以至聚会点建起了大教堂。这种乱建滥造的行为和求大求洋的奢靡之风，必须加以遏制。一如习近平总书记所指出的，要全面贯彻党的宗教信仰自由政策，依法管理宗教事务，坚持独立自主自办原则，积极引导宗教与社会主义相适应。

其次，说到普通百姓，虽然没有宗教信仰问题，但是不是也可以从《大瀛海道院记》中受到启发和教育呢？比如单就如何对待『大其居、久其名』，就是一个值得思考和妥善处理的人生课题。经常看到有些人为了『大其居、久其名』而与人争夺宅基，发生纠纷，甚而违法违规建房。近几年还出现了所谓的『房叔』『房姐』和『房妹』，引起世人的极大关注。他（她）们是不是应该从这方面去多加思考呢？

最后，联系到党员干部，更应该从『大其居、久其名』方面引起警惕，吸取别人的教训。多数贪官污吏和腐败分子，问题似乎大都出在『大其居、久其名』上。住宅搬了一套又一套，面积大了又大，装修豪华再豪华，结果收受贿赂，贪污挪用，成了『老虎』或『苍蝇』，为世人所不齿。有的腐败分子还搞起了『金屋藏娇』。有些则为了『久其名』，大搞形式主义的所谓『形象工程』『政绩工程』，劳民伤财，害人害己。因此，还是吴澄所说的那句话在理：『讵可但以大其居、久其名之为务哉？』

第六章 《瀛海纪言》附考

资料显示，《大瀛海道院记》后来曾由吕虚夷道士收录在他于元顺帝至元二年（1336）辑编的《瀛海纪言》一书中。既是如此，在读析此记之后，自然有必要对《瀛海纪言》一书加以附考，以识其大略。从中，亦可进一步了解吴澄撰写《大瀛海道院记》的有关背景。

第一节 《瀛海纪言》探微

最早记及《瀛海纪言》一书的，是元至正《四明续志》：『道院多名公士人题咏，编为《瀛海纪言》若干卷。』此志成于至正二年（1342），距《瀛海纪言》编辑成书已六年。该志纂者王厚孙也许还曾见读此书，故未能确记其卷数。此后，危素于元顺帝至正七年（1347）所撰《玄儒吕先生道行记》文中称：『《瀛海记言》十有七卷，皆一时名人为先生所著。』自此，有关史志载籍和个人著述多据以有所记。至清乾隆十八年（1753），钱大昕在所撰《元史·补艺文志·总集类》中即记云：『吕虚彝《瀛海纪言》十七卷。注：字与之，奉化道士，筑瀛海道院，集一时名人赠答之作。』此记将吕虚夷之『夷』记作『彝』，乃是因为古时两字通用。但只记吕氏原籍『奉化』而不记道院在象山爵溪。不过，钱氏能将《瀛海纪言》记入《元史·补艺文志》，却也足见此书历史地位甚高。二十三年（1758），姜炳璋主纂乾隆《象山县志》，仅于卷之十《方外传·吕虚夷》内记：『集名公题咏，编为《瀛海纪言》集。』五十四年（1789），倪象占则在《蓬山清话》卷之十二记：『道士吕希（虚）夷有《瀛海纪言》十八卷，盖征当时文人所作而成者。今其全集不见，有所见者录之。』其下即录当时『有所见者』蒋宗简、陈旅、柳贯、卞思义、黄溍等人诗文九篇。陈汉章总纂的民国《象山县志·艺文考》，又以『瀛海道院虽在县之爵溪所，然吕虚夷非本县人』，故将《瀛海纪言》附录于『集部』之后，记作：『《瀛海纪言》十八卷，元道士吕虚夷编。』其下收录了蒋宗简《〈瀛海纪言〉序》。但又按曰：『瀛海道院虽在县之爵溪，然吕虚夷非本县人，《鄞县志》以有蒋敬之《序》，收是书入《艺文志》。旧县志以为本县人著述，非也。』其实，吕氏早年即『执事象山县』，后来又住持大瀛海道院长达三十余年之久，无疑已不是『非本县人』。志书似不应作如此编排。

因为《瀛海纪言》一书早在清乾隆中晚期已『全集不见』，今人自难知其全貌。幸有丹阳蒋宗简（字敬之）为此书所作的《〈瀛海纪言〉序》传世（见本节后附读）。透过此《序》，尚可探知全书之微。

（一）全书体例

蒋宗简在序中，开宗明义写道：『《瀛海纪言》者，大瀛海道院吕君之所集也。凡记、铭、赞、序、赋、诗之属，总得若干首，别为十八卷。吕君名虚夷，善为老氏，尝著《义说》数万言。』

据此，可知《纪言》的体例系依文体编排，其编序疑为《记》《铭》《赞》《序》《赋》《诗》等。《记》即记叙文，如吴澄的《大瀛海道院记》、黄溍的《澄碧堂记》等。《铭》即铭文，多为韵文，如蒋宗简的《大瀛海道院铭》、柳贯的《无为子碣铭》等。《赞》即赞辞。如吴澄为吕虚夷《坐松荫前讲老子图题赞》（今已不觅）。《序》即赠序，如程端礼的《送道士啬斋君序》。《赋》即辞赋，如陈旅的《题庆元大瀛海道院图》。《诗》即诗歌，如黄溍的《题大瀛海道院》、柳贯的《题瀛海图因忆旧游》、卞思义的《大瀛海道院为吕啬斋作》、马臻的《为啬斋吕高士寄题大瀛海道院》，以及危素《云林集》中所存的《题吕尊师》等六首。

但是，若按以上六种文体分卷，也只有六卷，还有十二卷则为不考。要么是这六种文体又各分数卷，方才『别为十八卷』。

（二）编集目的

蒋序接着写道：『其（吕虚夷）主是院也，又克拓其筑。故为之志岁月、表德美、抒情思者。』这其实是说吕氏编集《瀛海纪言》一书之目的。所谓『志岁月』，疑为记录吕氏住持大瀛海道院所经历的重大事项；『表德美』，疑为诗文作者对吕氏道行和道院盛况的赞扬之辞；『抒情思』，疑为诗文作者对吕氏和道院所抒发的友情之思。

此一目的，犹如吴澄在《大瀛海道院记》中所言：『欲资一言久其名也。』诚然，『久其名』，不仅是『久』吕氏之名，更主要的是『久』道院之名。但《瀛海纪言》一书，使吕虚夷和道院名传古今，却是不争的事实。

（三）诗文作者

蒋序又写道：『临川吴公、蜀之虞公、金华胡公与四方之大夫、士及吾乡之先生、长者、明秀之行咸在焉。』

这是列举《瀛海纪言》诗文作者及其身份。『临川吴公』，即吴澄（已详前）。『蜀之虞公』，即虞集（1272—1348），字伯生，原籍四川仁寿，宋亡迁居江西崇仁，从吴澄游。大德初至京师，授大都路儒学教授、国子监助教。后历任集贤院修撰、翰林院待制兼国史编修、国子监司业、秘书少监，官至翰林直学士、奎章阁侍读学士。曾参修《经世大典》（八百卷）。后因眼疾，且为大臣所妒，告病回江西而卒。其诗素负盛名，著有《道园学古录》等。『金华胡公』，即胡长儒（生卒无考），字汲仲，婺州永康（今属金华市）人。其学九经、诸史、百氏、名墨、纵横、旁引、敷落、律令、章程无不包罗。南宋咸淳中，从外舅徐道隆（四川宣抚参议官）入蜀，铨试第一，授迪功郎，监重庆府酒务。俄兼总领湖广军为钱粮所佥厅，复拜福宁州倅。宋亡，退隐永康山中。至元二十五年（1288），有司强起之，至京师拜集贤院修撰，改扬州儒学教授。元贞元年（1295）移建昌（湖北武昌）录事。至大元年（1308），转台州路宁海县主簿，散阶将仕佐郎。延祐元年（1314），又转两浙都转运盐司长山场盐司丞，仍阶将仕郎。不久以病辞，隐居杭州虎林山（即武林山）以终。但虞集、胡长儒等投赠吕氏之作今已不传。而且，蒋序未列举的名公，还有黄溍、马臻、程端礼、危素等。这也许是因为蒋宗简作序之时，他们尚未以诗文投赠吕氏之故。

从蒋序言及的『吾乡之先生、长者、明秀之行咸在焉』，联系下文有『是《纪》也，托于吾徒，多得其人』之说，可知吕虚夷当年不但亲自或派遣门徒郑守仁访求名公、士大夫以求赠诗文，还曾委托蒋宗简及其门生在鄞县各地访求先生、长者、明秀之行的诗文。也许因此，所以吕氏顺请蒋宗简作此《序》。

（四）成书时间

蒋序作于元顺帝至元二年（1336）八月。序中言及，其时《瀛海纪言》『既缮写，将刻之木以传于世』。从中可知，《纪言》刻行成书时间当在这一年。即下距吕虚夷于至正四年（1344）羽化，尚有八年。其时，吕氏已年近七十。

附读：蒋宗简《〈瀛海纪言〉序》

作者蒋宗简（1311—1341），字敬之，远祖蒋猷是北宋晚期润州金坛（今江苏镇江金坛市）人，徽、钦二帝时历任兵部、工部、吏部、刑部，又兵部尚书。后裔于南宋之初迁居四明。蒋宗简是蒋猷七世孙，家于鄞城（今宁波市区）。因其祖籍润州金坛曾于唐天宝元年更名丹阳郡，故自称『丹阳人』。他早年尝受经于天台应伯章。及鄞县程端礼归里，蒋宗简复执弟子礼居门下，专治朱熹之学。并日与同里郑觉民、王厚孙以文义相赏析，折衷《易经》《尚书》《春秋》诸家之说。后曾任鄞县儒学训导，于灭人性命、古今沉乱得失之迹，无不参究。旋赴建康郡儒学任小学（即文字、音韵、训诂等学）之师，诸生至为悦服。至正之初，翰林院待制柳贯尝异其文，欲荐举之。而蒋宗简已病不起，未久而卒，年仅三十一岁。时人以『颜子』（孔子弟子颜回）誉之。

《〈瀛海纪言〉序》作于元顺帝至元二年（1336）八月，其时蒋宗简年仅二十六岁，

是一位十分年轻的学者。至于吕虚夷为什么会请他作此序，且看下文注释。

《瀛海纪言》者，大瀛海道院吕君之所集也。凡记、铭、赞、序、赋、诗之属，总得若干首（篇）①，别为十八卷。吕君名虚夷，善为老氏，尝著《义说》数万言②。其主是院也，又克拓其筑③。故为之志岁月、表德美、抒情思者，临川吴公、蜀之虞公、金华胡公与四方之大夫、士及吾乡之先生、长者、明秀之行咸在焉④。既缮写，将刻之木以传于世⑤。而蒋宗简为之序曰。

【注释】

①此句解释见上文。原文无『篇』，今据语意括注之。

②善为老氏：善于讲解《老子》（即《道德经》）。尝著《义说》数万言：可知吕虚夷所著《老子义说》一书，长达数万字。义说，乃是引用书证以解释语义的一种书体。而危素《玄儒吕先生道行记》则称之为《老子讲义》。乾隆《象山县志》卷之十《方外·吕虚夷传》亦以《老子讲义》称之。

③又克拓其筑：再次成功地拓展道院建筑。

④此一复句解释，已见上文。其中『大夫』，指为官之人。『士』，指读书之人。

『吾乡』当指蒋宗简家居之鄞县。『明秀』，即通晓学理的后起之秀。咸在焉：都有诗文在这里边。

⑤既缮写：已经抄写成书稿。将刻之木：即将刻板印刷。

天地之内，类有形质者，皆归于敝坏[1]。而语言之足以丰道扶教者，乃垂于百世[2]。然慕而为之者至不少，而与物类同于澌灭者亦不少[3]。战国孔子思、孟子舆、屈原、荀况[4]，汉贾谊、董仲舒、司马迁、相如、刘向、扬雄、班固[5]，唐韩愈、柳宗元[6]，宋欧阳修、曾巩、王安石、苏洵、苏轼、苏辙[7]。其大修孔孟之术有周、程、张、邵、朱氏若此等[8]。夷者求之益难，悲夫[9]！其为无足以发明圣人之指义耶，则谶纬之缪戾、义疏之舛驳，皆以托于经而传[10]。流于异教耶，则老、佛二氏之书千百种亦以传[11]。涉于杂乱耶，则名教、刑法、阴阳、纵横、农、墨、小说几家之说又以传[12]。琐屑不足取者耶，则宝货、器用、豢畜、种艺又以衍传[13]。是诚何如也[14]？悲夫，系于幸不幸有是哉[15]！余读通书，见其奥雅如经[16]，程氏书皆灏灏不可窥测[17]，《正蒙》亦最近古[18]。有德者固有言也[19]。苟能是，要之在百世决不至于没矣，假令传者纷杂[20]。简者固陋，不究其源而惟末是趋者[21]。其不传不可谓之不幸也[22]！

【注释】

①天地之内：作『世界』解。类有形质：类似有形的物质。皆归于敝坏：都要趋向破旧败坏。

②语言：此指『学说』。丰道扶教：丰富道理、扶助教化。垂：垂留、流传。

③澌灭：尽灭干净。澌（sī），作『尽灭』解。

④孔子思：孔伋，字子思，孔丘之孙、孔鲤之子，《子思子》作者。孟子舆：孟轲，字子舆，《孟子》作者。屈原：名平，字原，楚国大夫，《离骚》作者。荀况：字卿，《荀子》作者。

⑤贾谊：西汉大臣、政论家。董仲舒：西汉儒学家，曾倡导『罢黜百家，独尊儒术』。司马迁：字子长，西汉史学家，《史记》作者。相如：司马相如，字长卿，西汉辞赋家。刘向：字子政，西汉经学家。扬雄：字子云，西汉辞赋家，曾仿《论语》作《法言》，仿《易经》作《太玄》。班固：字孟坚，东汉史学家，曾修《汉书》，著有《白虎通义》等。

⑥韩愈：字退之，唐代文学家、哲学家，以继承儒家道统自任，尊儒反佛，倡导『古文运动』，为『唐宋八大家』之首。柳宗元：字子厚，亦『唐宋八大家』之一。

⑦欧阳修：字永叔，号醉翁，北宋天圣进士，官至枢密副使，参知政事。因反对王安石变法退职，曾与宋祁合修《新唐书》，又自撰《新五代史》。曾巩：字子固，北宋嘉祐进士，官至中书舍人，主张在『合乎先王之意』条件下进行『适变』，后又不满王安石变法，著有《元

丰类稿》。王安石：字介甫，号半山，北宋庆历进士，官至同中书门下平章事（丞相），力主『变风俗，立法度』，实行变法。遭司马光等人反对，罢相。后复相，又被罢。散文主张适用，反对虚言无实。诗词遒劲清新，豪气纵横。苏洵：字明允，北宋文学家，曾参修《太常因革礼》，著有《嘉祐集》。与其子苏轼、苏辙合称『三苏』。苏轼：字子瞻，号东坡居士，北宋嘉祐进士，判官告院，因反对王安石变法，被贬杭州等处通判。又因以诗讪谤朝政，贬为黄州团练副使。后迁翰林学士兼侍读，以龙图阁学士知杭州，又以政绩召为翰林学士承旨。未几，因『讥斥先朝』，被贬广东惠州、儋州（今海南岛）。散文主张『文理自然，姿态纵横』，诗词清新雄放。苏辙：字子由，号颍滨遗老，北宋嘉祐进士，官至尚书右丞，进门下侍郎。亦因反对王安石变法，历遭贬谪。散文简洁秀丽。欧阳修、曾巩、王安石及『三苏』，亦均为『唐宋八大家』。

⑧周、程、张、邵、朱氏：分别指北宋理学创始人周敦颐、北宋理学奠基人程颢和他的弟弟程颐（世称『二程』）、南宋理学家张载、北宋理学象数派创立者邵雍、两宋理学集大成者朱熹。若此等：如此等等。

⑨夷者求之益难：普通百姓探求理学那一套越来越难。夷者，即平常的人，此作『普通百姓』解。悲夫：可悲啊！

⑩此一复句意为：这是因为他们都不足以阐明孔子的主旨义理呀，于是宗教迷信的谬

误、义理疏解的错乱都依托儒家经典五经而得以流传。圣人：指孔子。指义：指通『旨』，旨义即主旨义理。耶：感叹词，作『呀』解。则：此作『于是』解。谶，秦汉间巫师或方士编造的预示吉凶的隐语。纬，指附会于儒家经义的吉凶祸福之说。缪戾（miù lì），违反，此作『差错』『缪误』解。疏义之舛驳：疏解义理之反方向的错乱批驳。经，儒家经典，通常指《诗》《书》《礼》《易》《春秋》五经。

⑪此句意为：传播到不同教派呀，于是道教、佛教之书诸多亦得流传。流于：作『传播到』解。异教：指与儒学不同的教派。老、佛二氏：老氏指李耳，字聃，史称『老聃』，道教之祖师。佛氏指释迦牟尼，佛教的佛祖。书千百种：形容诸多。

⑫此句意为：涉及杂家呀，于是礼教家、法家、阴阳家、纵横家、农家、墨家、小说家的学说又得以流传。杂乱：此作『杂家』解。名教：指以正定名分为主要内容（如『三纲五常』）的礼教学派。刑法：指主张以法度（刑律）治理国家的学派，即『法家』。阴阳：即『阴阳家』，提倡阴阳五行之说的学派。纵横：『合纵连横』之简称，本指战国时期苏秦主张的『合纵』和张仪主张的『连横』。此指从事政治外交活动的谋士。农：即『农家』，主张劝耕桑以足衣食的学派。墨：即『墨家』，提倡兼爱、非攻、尚贤、尚同，创始人墨翟，故名。小说家：旧指从事文学写作的人，犹今之作家。

⑬此句意为：细碎而不足以学习的呀，于是制作珍宝货币、制造各种器具用品、饲养各类

家畜、种植各种作物的技术又衍生得以流传。琐屑：细细碎碎。宝货：珍宝与货币。器用：器具与用品。豢畜：饲养家畜。种艺：种植作物的技艺。旧时将这些实用技术知识视作『琐屑』之学，亦称『小学』。

⑭是诚何如也：这果真是如何道理呢？

⑮此句意为：可悲啊，原因就在于人们喜好与不喜好都有此啊！幸，作动词『喜好』解。

⑯余：即『我』。通书：指通贯古今之书。见其奥雅如经：发现书中的奥妙与雅致，比如五经。

⑰程氏书皆灏灏不可窥测：程颢与程颐的著作都浩浩无边，不可窥测。灏灏（hào hào）：同『浩浩』，形容没有边际。

⑱《正蒙》：北宋张载著，共九卷十七篇。此书认为，应当从蒙童（年幼无知的儿童时代）开始，就要培养立志做圣贤。但书中包含了作者以『气一元论』为中心的哲学思想，所以蒋宗简称其『亦最近古』（最接近古代），意即太深奥。

⑲有德者固有言也：有德望的人固然有著作。言，作『著作』解。

⑳此句意为：如果能够这样，要它（指有德望的人之著作）在百代之后决不至于湮没啊，就得借助于纷繁复杂的传承之人。苟，作『如果』解。是，作『这样』解。假令，作『借助』或『拜托』解。

㉑ 此句意为：我（蒋宗简）固然学识浅薄，不能深究儒学的根源，而只能是末流的趋同者于此。是，作『此』解。

㉒ 此句意为：以上这些学说不能传承，不可不说是不幸也！

是《纪》也，托于吾徒，多得其人①。其在大海之渍、荒涯绝岛之间，如异宝之产②。不即人，而人即之③。恶有至如余之所可悲也哉④！至元二年八月⑤，丹阳蒋宗简序⑥。

【注释】

① 此句意为：这《瀛海纪言》呀，曾经委托我的生徒征集诗文，所以比较多地得到我家乡的名人之作。亦即『吾乡之先生、长者、明秀之行咸在焉』。吾徒，当指蒋宗简在鄞县儒学任训导时的生徒（即学生）。这也许就是吕虚夷请蒋宗简为作此序的原因之一。

② 此句意为：《瀛海纪言》（其）在大海之边、荒崖绝岛之间，犹如奇异珍宝一般的产物。渍（fén）：水边、海边。产：产物、物产。

③ 不即人，而人即之：不是这件『异宝之产』来接近人们，而是人们都会接近它。两个『即』，均作『接近』解。这是蒋宗简对《瀛海纪言》一书社会影响力的预言。

④ 此句意为：如何至于如我这样可悲啊！恶（wū）：作『如何』解。意言他自己却是『固陋，不究其源而惟末是趋者』。

⑤ 至元二年八月：公元1336年9月。这年农历八月初一，已是阳历9月6日。

⑥蒋宗简于此即自署是丹阳人。

第二节　存世篇章注释

（一）蒋宗简《大瀛海道院铭》

作者蒋宗简与文体「铭」，已见上文解释。

此铭前有《小序》，先行注释。

明象山为县①，傍大海，县东廿里曰爵溪②。至元二十有七年，县人王一真筑宫其上，曰大瀛海道院，薙茂墣荒③，宗桷颇具④。大德十有一年，道士吕虚夷主之，克展其旧⑤，其制度遂视他观⑥。延祐六年，吴公澄为之记⑦。后十有八年为至元丙子⑧，而丹阳蒋宗简复铭之⑨，曰：

【注释】

①明象山为县：明州象山为一县。明州，即今宁波市，但其时则称庆元路。

②廿里：即二十里。其实，象山县城（丹城）至爵溪，习称十五里。

③薙茂墣荒：除去茂密的杂草，加筑宫墙于荒芜之地。薙（tì），除去、清除。墣（dié），城上矮墙，此处做「加筑」「砌荒」解。

④宗桷颇具：祀奉道宗的殿宇颇具规模。桷（jué），方形的屋椽，此借指殿宇。

⑤克展其旧：成功拓展道院旧制。

⑥制度遂视他观：道院的建筑形制于是视同其他道观。制度，此作『建筑形制』解。

⑦此指吴澄于延祐六年（1319）作《大瀛海道院记》。

⑧后十有八年为至元丙子：延祐六年之后十八年，为农历丙子年，即至元二年（1336）。

可知此铭与上文《〈瀛海纪言〉序》为同年所作。

⑨复铭之：再题铭诗如下。

于于象山，络以爵溪；有岿其宫，神人共栖[1]。

孰克侈之，丹漆翼翼；奂于其初，吕师之绩[2]。

于戏吕师，吾识其人；广颡疏眉，以养以存[3]。

诂老氏言，扶疏其文；抉剔根窟，不待于门[4]。

其寝弛弛，其起几几；其语默恒，唯老是似[5]。

凡人有稽，弟子有嗣[6]；嗟余汝铭，又恶可已[7]？

老氏之兴，各有所名；沉于末流，来乃绳绳[8]。

无沿荒延，以善其继[9]；刻文坚石，诏尔来裔[10]。

【注释】

①首四句犹言：悠然自得的象山（此指县城西北之蓬莱山，又名炼丹山或丹山），连接着爵溪，有岿然而立的宫殿，供神仙（指神像）和道人共同栖息。于于：悠然自得样子。络：作『连接』解。岿：岿而独立，形容高大。

②此四句犹言：是谁成功地扩大了道院的规模，使得漆了朱红色漆的宫殿严整有序，焕然于它的当初容貌？是吕尊师的功绩。孰，作『谁』解。侈，作『扩大』解。奂，作『焕然』解。第四句《蓬山清话》作『维吕师之绩』，多一『维』字，今删之。

③此四句犹言：对于喜欢谈笑的吕尊师，我认识其人，宽广的面额，疏淡的眉毛，善于养生适存。于，介词，作『对于』解。戏，戏笑，作『喜欢谈笑』解。颡（sǎng），面额。由此可知，蒋宗简与吕虚夷交谊甚深。这也许是他为作《〈瀛海纪言〉序》的又一原因。

④此四句是对吕虚夷学问的评价：解释老子的《道德经》，能够使它枝繁叶茂，挖掘它的根基，而且不停留在门户之见。诂，用通行的语言解释古代语言文字，此指解释老子的《道德经》。扶疏，亦作『扶苏』，意为『枝叶繁茂』。抉剔根窟，挖掘它的根蒂，剔出它的窟窿（奥妙）。不待于门，不停留在门户之见。

⑤此四句写吕虚夷的生活起居与日常行为：他每天睡得弛缓（很晚），起得与其他人一样早，而他的话常常不说到底，与老子类似。第三句，民国县志作『其语默无恒』。考『默』，即『无』，重复，今删之。

⑥凡人有稽，弟子有嗣：百姓有人来叩拜，弟子有人可接班。稽，稽首，即叩拜。嗣，后嗣，即接班人。此二句，说明吕虚夷德望甚高。其门徒郑守仁即为接班弟子。

⑦嗟余汝铭，又恶可已：叫我为你作铭，又有什么话可说呢？嗟，呼唤，或即『叫』。汝，代词，你，指吕虚夷。恶（wū），何，什么。

⑧此四句犹言：道教的兴盛，各有名分，而我却是沉没在末流的人（如蒋在序中自称是『末之趋者』），所以写作此铭时只能小心谨慎。绳绳，即小心、戒慎。

⑨无沿荒延，以善其继：不敢沿袭荒唐离奇之说，以完善道院之继守。前句《蓬山清话》作『无沿是荒诞』。『是』，疑为多余，今删之。继，继守先业。

⑩刻文坚石，诏尔来裔：将此铭刻于碑石，招引你前来这个边缘之地。诏，通『召』，作『招引』解。裔（yì），边远的地方。

（二）吴澄《大瀛海道院记》

前章已注译，略。

（三）黄溍《澄碧堂记》

黄溍（1277—1357），字文晋，又字晋卿，婺州义乌（今属金华市）人，延祐二年

（1315）进士，授宁海县丞，迁两浙都转盐运使司石堰西场盐运，改暨州（治在今浙江诸暨市）判官。后入朝，为翰林院应奉文字，同知制诰兼国史编修，转国子监博士。出为江浙等处儒学提举，以秘书少监致仕。未几，召为翰林直学士，知制诰同修国史，兼经筵官。升翰林侍讲学士，阶至中奉大夫。后不辞而归，帝遣使者追还京师，复为侍讲学士。久之，始得南还，优游田间凡七年而卒，年八十有一，赠中奉大夫，谥文献。

《元史·黄溍传》称：『溍之学，博极天下之书，而约之于至精，剖析经史疑难，及古今因革制度名物之属，旁引曲证，多先儒所未发。』著有《日损斋集》《笔记》及《义乌志》等。后人辑之为《黄文献公集》，《四库全书》收入『别集部』。

本篇《澄碧堂记》，见倪象占《蓬山清话》及民国县志。今据《钦定四库全书》录本，依其文意，分四层注释之。

道士四明吕君所作大瀛海道院，翰林学士临川吴公实记之①。顷②，余至四明，数与君游，复求予记其所谓『澄碧堂』者。余未及为而去。后三年③，来钱塘，见三茅观④，求益力。余不得辞也。

【注释】

①此指吴澄撰《大瀛海道院记》。其时，吴氏已超迁为翰林学士，可知本篇《澄碧堂记》作于至治元年（1321）之后。

②顷：作『前不久』解。

③后三年：因不知黄溍与吕虚夷于何年数游四明，故难以推定『后三年』指哪一年。

④三茅观：已见《危素〈玄儒吕先生道行记〉》注解。

初，司马练师居天台，尝自题其宴休之所曰『澄碧』①。而大瀛海者，陶隐君丹灶故处也②。君既得度于崇道观③，而受上清法箓于华阳宗坛④。至是⑤，因取练师旧题以名其堂，所以示后人使知承传之自也⑥。按：隐君始筑室华阳，寻变姓名，至永嘉楠溪青嶂山⑦，泛海诣霍山⑧。经年，还木溜屿⑨，受戒于鄮县阿育王山⑩。今道院在象山县爵溪之阳⑪，与阿育王山相望，其为隐居遗迹无疑。练师天台所居，则今崇道观是也。盖自杨君七传至隐居⑫，隐居传昇元王君⑬，昇元传中岳潘尊师⑭，中岳传练师。由练师又三十三传至今刘君⑮，号为宗师，君所从受箓也。

【注释】

①司马练：即司马承祯，已见本书第一章注解。他于唐景云二年（711）居唐兴（今浙江

天台县）桐柏山，建『黄云堂』修炼。后改堂为『桐柏观』，又更名『崇道观』。观内曾建『澄碧堂』，作为道众宴休之所。可见大瀛海道院之『澄碧堂』，系仿崇道观之堂名。

②陶隐君：即陶弘景（456—536），字通明，丹阳秣陵（今江苏南京）人。初以才学闻名，曾为南齐诸王侍读，兼诸王牒疏、奏章等草拟事务。后官至奉朝请（六品文官）。三十六岁辞官入茅山修道，为上清派重要传承人，自称『华阳隐居』，优游名山仙谷。后为寻找炼丹之地，改换姓名，云游四方。相传曾『隐迹』象山蓬莱山（即今丹山），以秦徐福之旧庐『蓬莱观』为『修药之馆』，因留有『丹灶』遗址。

③君：指吕虚夷。得度：出家修道。

④上清法箓：道教上清派传授秘文符箓的仪式。上清派所尊的是『上清灵宝天尊』（即『太上道君』）。其受道之法：初受《五千文箓》，次受《三洞箓》，三受《洞玄箓》，再受《上清箓》。皆为素书，以记诸天曹官属佐史之名多寡为别。华阳宗坛：为陶弘景所创立，亦即茅山上清派之宗坛。

⑤至是：到此。指吕虚夷到大瀛海道院之后。

⑥承传之自：承传之由来。

⑦楠溪：温州瓯江下游最大支流，今称『楠溪江』，纵贯永嘉县入海，沿江风景秀丽。青嶂山：又名大塘山，山顶有大湖，在今楠溪江景区内。

⑧诣（yì）：往、到。霍山：在今舟山市普陀区中街山洋面上，有东、西两岛。其中东霍山，今称『东福山』，世传秦徐福曾到此游，故名。

⑨木溜屿：一作『木榴屿』，即今玉环岛。

⑩鄮县阿育王山：在今宁波市鄞州区，因晋太康年间（280—289）并州人刘萨河于此山得印度阿育王真身舍利而得名。义熙元年（405），建塔亭，禅堂。梁武帝时，因陶弘景于此受戒礼佛，重建寺宇，赐名『阿育王寺』。

⑪爵溪之阳：指爵溪之南溪北侧。古人以水之北为阳，山之北为阴。

⑫杨君：晋道士杨羲，生平事略无考。隐居：陶弘景为杨羲七传弟子。民国县志作『杨君士传至隐居』，『士』系『七』之误。

⑬昇元王君：即王知远，字昇元，生平无考。

⑭潘尊师：茅山第三代宗师潘师正（584—682），字子真，赵州赞皇（今属河北）人。因其曾居嵩山（中岳）逍遥谷，故称之为『中岳』。

⑮刘君：即刘大彬，号玉虚子，钱塘（今杭州）人。延祐四年（1317）得『九老仙都君』玉印，有司闻而奏于朝，仁宗下旨赐茅山为『上清宗坛』，以传承道统，并赐号『洞观微妙玄应真人』。后称茅山为『上清宗坛』第四十五代宗师，曾主持纂修《茅山志》。吕虚夷即师从其受『上清法箓』。

昔刘歆叙《七略》，神仙、数术与道家为三①。而其后，一归之老氏②。老氏之徒以经箓相授受者，复分为三。而其后，一出于张氏③。张氏之传子孙世守之，而其术长于执不祥、劾鬼物④，人见其驱飚走霆，变化翕忽⑤，无不敬异尊师焉。而又有穹官峻爵为世所歆艳⑥，宜乎星冠羽服之士慕而趋之⑦。虽华阳之弟子，亦未有不为其学也。君顾能拔去流俗⑧，溯其所承传而表见之⑨，岂不犹行古之道哉！

【注释】

①刘歆（xīn）：字子骏，西汉末古文经学派开创人，文学家刘向之子，沛（今江苏沛县）人，曾为黄门郎、中垒校尉。后继承父业，总校群书。其所撰《七略》，包含总论（辑略）、六艺略、诸子略、诗赋略、兵书略、术数略、方技略。原书早已失传，今有清人辑本。

②老氏：即老子。此指道教。

③张氏：张陵，字辅汉，生于沛（今江苏丰县）。东汉末年至鹤鸣山学道，作道书二十四篇，创立『五斗米道』，成为道教开山鼻祖。后称张道陵，道徒则奉为『张天师』。

④执不祥、劾鬼物：捕捉妖怪、降服鬼魅。

⑤驱飚走霆，变化翕忽：驱逐狂风呼来雷霆，变化疾速。

⑥穹官峻爵：高官厚禄。歆艳：欣羡。

⑦星冠羽服之士：即道士。慕而趋之：羡慕而归附之。

⑧君：指吕虚夷。顾能拔去流俗：反而能够消除俗套。顾，作『反而』解。这是吕道士道行的可贵之处。

⑨表见：见（xiàn）同『现』，即『表现』。

嗟夫①！古之学者必有师，自巫医、百工莫不皆然，非独儒者为然也。若君之为，可无怍矣②！此予之所不得辞而为之记也。其亦以厉吾徒也③。

【注释】

①嗟夫：赞叹词，犹『好啊』。

②此句犹言：如果能像吕虚夷那样的作为，那么就可以不惭愧了。怍（zuò），作『惭愧』解。这是黄溍对吕道士为人的赞许。

③亦以厉吾徒也：也可以勉励我的生徒（学生）了。厉，通『励』，作『勉励』『激励』解。

（四）黄溍《题大瀛海道院》

黄溍简介，如前。

这首七言古诗，见倪象占《蓬山清话》及民国县志。今据《钦定四库全书·黄文献公集》录本注释。

丹山之山青崔巍，隐居旧隐山之隈；

千年上鼎为谁出？深崖古像松声哀①！
鸿飞天上爪在云，过者莫睨君能来；
想当月斧乍挥霍，奔走属役皆仙才②。
卷藏瀛海归一粟，顾盼瞬息生风雷；
森然幻有启神界，白日照耀金银台③。
若问使者兹入海，楼船烟雾何时回？
君其置此勿复念，少须碧水扬黄埃④。
九重蠖蠖陛下圣，方士示易夸蓬莱；
琳宫贝阙长望幸，天高海阔心悠哉⑤！

【注释】

①首四句写丹山历史传说。丹山：旧称『蓬莱山』，相传秦徐福、梁陶弘景曾『隐迹』于此。崔巍：一作『崔嵬』，形容山势高峻。隐居：指陶弘景。旧隐：指徐福曾经『隐迹』蓬莱观。相传此观为后来陶弘景『修药之馆』。山之隈：山边海曲处。当年蓬莱观仅距大瀛海之大目湾海岸百数步，故称。千年上鼎：指徐福『隐迹』蓬莱留下的丹灶残踪。古像：指徐福、陶弘景自画像。相传徐、陶二氏曾写真于蓬莱观东壁之间。松声哀：言作者对两位古人的哀念之情。

②此四句写吕虚夷征集名家诗文之事。『鸿飞』句，指吕氏为征集名家诗文而游历四方。『过者』，指作者本人。他因到过四明、钱塘，曾漠然遇见（莫睨）吕虚夷（君）。月斧：古代民间传说，月亮由七宝合成，常由八万二千户以『月斧』修理之。后以『月斧』比喻尽文章之能事。挥霍：此作『洒脱』或『无拘束』解。『想当』句，意言吕氏之尽文章能事，一下子显得无拘无束。属役：嘱咐别人为自己做事情。此指吕氏四处奔走访求名家（仙才）题词作诗。

③此四句是对《瀛海纪言》一书的评价。『卷藏』句：把这些卷藏辑成一书，虽然好比沧海一粟。『顾盼』句，但是只要看看（顾盼）书中的那些诗文，瞬息之间就会风雷俱生。『森然』句，虚幻之中俨然（森然）打开了神仙的境界。『白日』句，如同白日照耀在瑶池的金银台上。

④此四句是对吕氏的劝慰：如果有人问你徐福（使者）从这里（兹）入海东渡日本，他的楼船何时从烟雾回来？那么你（君）既然已置身于此，就不要再想这件事了。只要安心修炼，顷刻之间（少须）海面上就会扬起神仙降临时的风尘。

⑤此四句是对大瀛海道院的赞誉。九重：高大。蠖蠖（huò huò）：本指雕刻在宫殿中的装饰，此借指宫殿。陛下圣：台阶之下都很显圣。方士：即道院里的道士。示易：即『示现』，原指修辞格之一，亦即把非眼前的事物说得活灵活现。此指道士们把眼前的蓬莱山夸耀

得仙境一般。琳宫：美玉装饰的道宫。贝阙：用贝壳装饰的殿宇。长望幸：长年盼望着幸运时刻的到来。因此，心地海阔天空，十分悠然自得。

（五）柳贯《题瀛海图因忆旧游》

柳贯（1270—1342），字道传，号乌蜀山人，婺州浦阳（今浙江浦江县）人。自幼好学，曾受性理之学于兰溪金履祥，必见诸躬行，至老不倦。凡六经、百氏、兵刑、律历、数术、方技及异教外书，无所不通。作文沉郁春容，涵肆演迤，人多诵之。始以察举为江山县教谕，后仕至翰林待制，兼国史编修，与黄溍、虞集、揭傒斯齐名，时人称『儒林四杰』。既卒，门人私谥『文肃』。

《元史·柳贯传》称『其文本经术，精湛闳肆』，著有《柳待制文集》传世。这首五言律诗《题瀛海图因忆旧游》为其中之一。倪象占《蓬山清话》及民国县志等均收录。今据《柳贯诗文集》（浙江古籍出版社2004年8月第1版）录本注释之。

一幅烟绡展，千里海观开；
日华浮沆瀣，云气接蓬莱①。
昔驾飞龙去，还随泛鹢回；

吾诗与君画，倾写尽琼瑰②。

【注释】

①前四句写观看《瀛海图》之感受。当这幅画有大瀛海云烟的绢本图画一展开，千里之外的海边道观就显现在眼前。太阳光下浮动着海面上的露水，画面里的云气竟然与蓬莱仙境连接在一起。这真是一幅活灵活现的《瀛海图》！绡（xiāo）：用生丝织成的薄绸，也叫『绢』。画家常用以作画的底本，又称『绢本』。沆瀣（hàng xiè）：夜间升起的水气，亦即露水。

②后四句回忆旧游的经过。从前驾驭骏马去了爵溪，返还的时候是乘坐鹢舟而回。我的诗与吕君的画，倾情写出的都是珠宝与美玉。飞龙：骏马。泛鹢（yì）：即泛舟。鹢，见于古书的一种形似鸬鹚能够高飞的水鸟。此指船头上画有鹢形的舟船，亦叫『鹢舟』。由此可见，柳贯曾到访过爵溪大瀛海道院，而且与吕虚夷有诗画之交，情投意合，友谊至深。

（六）柳贯《无为子碣铭》

作者柳贯简介如前。

本篇《无为子碣铭》，见于倪象占《蓬山清话》及民国县志。碣（jié），即石碑。铭，即铭文。碣铭，亦即碑铭。

此碣铭所记，实即道士『无为子』张悌之行述。其与大瀛海道院及吕虚夷之关系，为文中所不记。但《蓬山清话》称此文亦为《瀛海纪言》『有所见者』之一。今据《柳贯诗文集》录本，亦依其文意，分四层注释之。

无为子少时游方之内，应物而不滞于物①，人谓其一代豪杰俊人也。中岁去而游方之外②，葆真而全其真③，形化而神不化④。虽列仙山泽之癯要不过是⑤，何有异哉⑥！

【注释】

①应物而不滞于物：适应事物变化，又不滞留于事物。意为超脱。

②中岁去而游方之外：中年的时候去外地出家做道士。

③葆真：保持本性。葆，作『保持』解。真，作『本性』『本原』解。全其真：完善他的本原。

④形化：身体羽化（死去）了。神不化：精神却不死去。

⑤列仙山泽之癯要：山间水泽列仙中清癯要人。癯（qú）要，骨相清癯的仙人。不过是：也不过如此。

⑥何有异哉：没有什么不同啊！

无为子故儒家①，姓张氏，讳悌，字信甫，居明州象山。有别业在鄞城②，扁舟往来③，

傲兀烟浪④，自视如鸱夷子皮⑤。然好结宾客，重交游，肴觞左右，具捐所有予人无吝色⑥。父尝以门户微罪当逮诣吏⑦，无为子奋前请系⑧，曰：『父老，愿以身代，虽万罪不敢辞！』父藉以免。奉亲能备孝养，而身与妻子衣粗食粝而已⑨。

【注释】

①故儒家：已故去的儒生。其家在象山西乡张岙（今泗洲头镇属村）。

②别业：另外的产业。鄞城：鄞县县城，即今宁波市区。

③扁舟：小船。

④傲兀烟浪：孤傲倔强地行驶在烟波风浪之间。

⑤自视：自己看待。鸱（chī）夷子皮：春秋时范蠡之号。此处代指范蠡。

⑥肴觞左右：以丰盛的饭菜与周围宾客畅饮。古人称宾客为『左右』，以示尊敬。觞（shāng），酒器，如酒杯。此作动词『觞饮』（畅饮）解。予人：给与人。予通『与』。

⑦门户微罪：宗派罪。门户作『宗派』或『派别』解。当逮诣吏：正被逮捕见官。诣（yì），作『前往』或『进见』解。

⑧请系：请求系绊入狱。

⑨衣粗食粝：身穿粗布吃食粗米。

象山中大瀛海，陶隐居、司马练师之遗迹往往而在①。无为子早从方士，习闻道家长生久视之说②，心窃识之③。既壮，出游南粤北燕，回荡万里，独爱武当神明之奥，岩峦峭森，溪谷靓窈④，炼形服气，莫此为宜。归对妻子常语及之。而妻子固不信也。一日，大会亲戚故旧，曰：『吾当去隐武当矣。』亲戚故旧争劝止之，佯应曰：『诺。』诘旦，引刀截发⑤，解故衣，被布衲⑥，偪屦⑦，着行縢⑧，佩钵囊，掉臂出门竟去⑨。顾语其冢子古初⑩：『尔善事尔母，教育诸弟。尔无以我系其心也。』行涉重江⑪，至武当山，依止紫霄宫，师事其宫主张真人⑫，原执弟子役。真人亮其确诚，启之道要，授职首众⑬。

【注释】

①陶隐居、司马练师：见前注。

②早从方士：早年就跟从道士。其间也许曾跟随吕虚夷。习闻道家长生久视之说：常常听道士长生不老说教。久视：耳目不衰。此作『不老』解。

③心窃识之：心里私下暗暗地记着这些说法。

④靓窈：安静幽远。靓（jǐng），通『静』，作『幽静』解。窈（yǎo），幽远。

⑤引刀截发：用刀割断头发或发辫。

⑥被布衲：身披百衲衣。

⑦偪屦（bī jù）：打上绑腿穿上麻葛编成的鞋子。

⑧行縢（téng）：布袋（钱囊）。

⑨掉臂：甩着臂膊。

⑩顾：回顾。冢子：长子。

⑪行涉重江：跋涉多条江河。

⑫张真人：即张陵。

⑬亮其确诚：体谅无为之确实诚心。亮，通『谅』，作『体谅』『谅解』解。授职首众：授以带领众徒之职。

无为子昼则服劳薪水间①，与众同甘苦，滋味取其至薄者②。夜则危坐一榻，胁不至席。如是三年，忽晨起别众，众方怪之，则已化矣③。泰定四年四月二十日也，得年四十八④。化三日，道众瘗之紫霄峰下⑤。

【注释】

①服劳薪水间：承担砍柴、挑水劳务之间。

②滋味：此指饮食。至薄者：最差的。

③已化：已经羽化。即道家对去世之所称。

④泰定四年四月二十日：即公元1327年5月11日。按其『得年四十八』推算，无为子当生于元至元十六年（1279）。

⑤瘗（yì）：埋葬。

讣至家[①]，家人服丧如礼。古初重违先志[②]，不敢迎其柩归。因不茹荤血，必期至山中树碣以表其藏[③]。乃绝海来矣，泣拜请辞[④]。昔予客鄞，识无为子众人中，知其健敏，可托以事。而不知其能离智绝俗[⑤]，究竟生死，伟特若是[⑥]。岂出世间法亦必世之勇者[⑦]，而后能决致之欤？

【注释】

①讣至家：讣告到达象山张岙家里。

②重违先志：看重违背先父之志。

③必期至山中树碣以表其藏：决定日期在山上树立碑碣，用来表示无为子藏身之地。

④请辞：请求柳贯作此碣铭。

⑤离智绝俗：明智不俗。离，作『明』解。《易经》：『离也者，明也。』

⑥伟特若是：壮美异特如此。

⑦岂：作『也许』解。间法：参与弘法。

无为子始娶许氏，子男四：曰古初、曰谦、曰弘、曰惠。女三：其二已有归[①]，其一夭。

铭曰：生之为寄，而亡非其弃[②]。不亡者存，是为知生之类[③]。无为而为，以贻之来世[④]。

【注释】

①已有归：已经出嫁。

②生之为寄，而亡非其弃：人生在世如同暂时寄居，而死亡也不是他的弃世。意即『虽死犹生』。

③不亡者存，是为知生之类：不死的人生存下来，乃是在表现生命之类。知，作『表现』解。生，作『生命』解。

④无为而为，以贻之来世：名曰无为而作为之，那是用以流传后世。贻（yí），作流传。来世，即后世。

说明：乾隆县志及后修各志多摘此文其要，为立《张悌传》。

（七）陈旅《题庆元大瀛海道院图》

陈旅（1288—1343），字从仲，兴化莆田（今属福建）人。幼孤，资禀颖异，由外大父（岳父之兄）赵氏抚而教之，笃志于学，无书不读。稍长，负笈从乡先生游，声名日著，荐为闽海县儒学学官。后因御史中丞马雍古相勉，游京师。虞集见其文，以为博学多闻，宜居师范之选，与中书平章政事赵世延合荐为国子监助教。居三年，考满，诸生不忍其去，请于

朝，再荐任。元统二年（1334），出为江浙儒学副提举。至元四年（1338），入为应奉翰林文字。至正元年（1341），迁国子丞，阶文林郎。又二年卒，年五十有六。

《元史·陈旅传》称：『旅于文，自先秦以来，至唐、宋诸大家，无所不究。故其文典雅峻洁，必合于古作者，不徒以恂世好而已。』有《安雅堂集》十四卷传世。

本篇辞赋《题庆元大瀛海道院图》，一作《题大瀛海道院》，收于《安雅堂集》。倪象古《蓬山清话》及民国县志均收录。不过，民国县志收将其辑录在『七言古』之中，却是不妥。原题中之『庆元』，乃是元代庆元路（今宁波市）省称。其时，象山县隶属『庆元路总管府』，故陈旅以『庆元』冠之。题中之《大瀛海道院图》，当由吕虚夷所绘画。此赋即为题图之作。

棹余舟兮漭瀁[1]，迎东暾兮水上[2]。
从予英兮文鱼[3]，道鸣鼓兮奇相[4]。
惚何恍兮扶桑公[5]，欲往从之兮海生风[6]。
弭余旌兮灵越[7]，坛紫贝兮朱宫[8]。
朱宫兮夕雨，皇剡剡兮来下[9]。
鳌之胜乎瀛洲兮，灵告余以兹土[10]。

沧溟滈滈兮玄宇周⑪。心无所不及兮而道不可以远求⑫。嗡瑶津兮咀石菌⑬，即余所能至兮聊长年以夷犹⑭。

【注释】

①此句犹言：用桨划我的船啊，水面动荡无边。棹（zhào），用桨划船。兮（xī），古辞赋常用的语气助词，相当于现代语『啊』。漭瀁（mǎng yǎng），水面动荡无边貌。

②此句犹言：迎接东方初升的太阳啊，在水面之上。东暾（tūn），东方初升的太阳。

③此句犹言：随从我的精英啊，那是鲤鱼。从，作『随从』『跟从』解。予，即『我』。英，作『精英』解。文鱼，即鲤鱼。古人常以鲤鱼为吉祥物，有『鲤鱼跳龙门』之说。

④此句犹言：一路击鼓而进啊，见到了奇异的景象。道，作『一路』解。鸣鼓，即击鼓。古时领兵作战有『鸣鼓而进』『鸣金而退』军规。奇相，即奇异的景象。此指下一句所见的景象。

⑤此句犹言：似有似无地何以模糊不清啊，见到了东渡日本的徐福。惚，作『似有似无』解。恍，作『模糊不清』解。扶桑，日本的旧称。公，当指东渡日本之徐福。

⑥此句犹言：心欲往从徐福啊，可是大海生出了风浪。生，作『产生』解。

⑦此句犹言：止息我的旌旗啊，精神却高高飞扬。弭(mǐ)，即止息。灵越：精神高扬。

⑧此句犹言：诵念紫书贝叶的道坛啊，设在朱红色的宫殿里。紫，指『紫书』，道家之书

的别称。贝，指用贝多树叶子写成的经书，原指佛经。此借指道教经书。

⑨此二句犹言：宫殿外面啊，下起了夜雨；玉皇大帝的神像似乎也起行啊，从神座上来到下面。夕雨，即夜雨。剡剡（yǎn yǎn），起行貌。

⑩此句犹言：鳌峰超出于仙山瀛洲啊，神灵告诉我就是这个地方。鳌，传说中的鳌鱼，古指神仙居住之所，称为『鳌峰』。此指大瀛海道院。

⑪此句犹言：海水弥漫地泛着白光啊，玄妙的宇宙笼罩在四边。沧溟，海水弥漫的样子。滈滈（hào hào），水泛白光貌。周，作『四边』解。

⑫此句犹言：心虽然可以无所不及啊，然而大道是不可以远求的。意思是说，修炼要从身边一事一物做起。

⑬此句犹言：吸入美好的精气津液啊，咀嚼品尝生于石上的菌类滋味。噏（xī），作『吸入』解。瑶：作『美好』『珍贵』解。津：津液，此指道家所谓的精气津液。咀：咀嚼品尝滋味。石菌：生于石上的菌类，如灵芝之类的仙草。

⑭此句犹言：这就是我所能到达的啊，慰藉长年都能从容不迫。聊，作『慰藉』解。夷犹，一作『夷由』，形容词，作『从容不迫』解。

（八）卞思义《大瀛海道院为吕啬斋作》

卞思义（生卒年不详），字宜之，淮安山阳（今属江苏淮安）人。早年即有诗名，长于咏物。后以贤才辟荐为浙西道肃政廉访使司属吏（犹宋代之录事参军，时称『宪府掾』），执掌州院庶务，纠诸曹稽违。后改都水（四川都江堰）庸田司使。著有《宜之集》。其诗多入选《元诗选》。

这首七言律诗《大瀛海道院为吕啬斋作》，曾入选《元诗选》。倪象占《蓬山清话》及民国县志等均收录。啬斋：吕虚夷之号。

人间咫尺大瀛海，方丈蓬莱信杳然①。

若木三更先吐日，弱流万里不通船②。

未同徐福来求药，好访安期且问仙③。

闻说吕公高隐处，蛟龙常护石床眠④。

【注释】

①首联写大瀛海道院之环境：与人间只有咫尺之距的大瀛海，不像方丈、蓬莱仙岛那样遥远。咫（zhǐ）尺，长度单位，古代以八寸为一咫，意为距离很近。方丈、蓬莱，传说中的海上仙山。信杳然，音信杳然，或杳无音信，意即遥远。

②颔联言道士修炼之潜心：半夜三更即起来修炼，好比东方已日出，而且与外界不通信息。若木：古代神话中的一种树名，说是生长在日落之处，叶子是青的，花是赤色的。《楚辞·离骚》有『折若木以拂日兮，聊逍遥以相羊』句（『相羊』即『徜徉』）。三更：也称『丙夜』，在『甲夜』『乙夜』之后，故名。先吐日：太阳首先吐露光华。弱流：即弱水，古代传说中的水名，说是此水不能负芥，鸿毛不负（连芥菜籽也浮不了，羽毛都要沉下去）。加之有『万里』之遥，所以不能通舟船。意为与外界不通信息。

③颈联则说：吕虚夷虽然未能与秦方士徐福一起到这里觅求长生不老之药，但是可以访问神仙安期生之属曾经云游之地。

④尾联乃咏道院创始人王一真降服蛟龙故事（见第一章）：听说吕公虚夷修炼隐居之地，有蛟龙经常守护在石床上。意言道院之神圣。

（九）马臻《为啬斋吕高士寄题大瀛海道院》

马臻（生卒无考），字志道，号虚中，钱塘（今浙江杭州）人。著名道士，曾隐居于西湖之滨，士大夫慕而与之交。不过他却习惯于清虚淡泊，无一言及势力声利。大德五年（1301）至大都（今北京）崇真万寿宫嗣服玄教『天师』张留孙（1248—1321），主行内

醮（主持宫中道事仪式），教名流（教导有名望的道士和信众），并景仰随从王子繇（此人无考）。又曾嗣服于张留孙门人（亦玄教「天师」）吴全节（1269—1346）。马氏善诗，著有《霞外诗集》（十卷），多作于大德初年，颇工巧于「山林之格」。人称「皆神骨秀骞，风力遒上，琅琅有金石之音」。此集曾收录于《钦定四库全书·集部五·别集类四》。此次即据「四库本」注释。题中之「高士」，即高道，指吕虚夷是德行高尚的道士。

茫茫大瀛海，罗络后土流①。
象山襟爵溪②，一防波中浮③。
昔日安期卖药处④，至今海月悬高树⑤。
丹丘羽人结琼居⑥，谁道人间隔风雨⑦。
三山灭没金银台⑧，闻有仙人时往来⑨。
仙人不可见，白发令人哀⑩。
安得再拜诉王母，谪仙本是凌云才⑪！

【注释】

①罗络后土流：铺排祀神社坛在边远地区。罗络，又作罗落，作「罗网」「铺排」解。后

土，本指大地，此作祀神之地，作『社坛』解。流，即边远地区。

②象山襟爵溪：意言爵溪是象山县的衣襟。说明地理位置重要。

③一防波中浮：一条堤防（实即沙滩）漂浮在大海波浪之中。这是写爵溪的地理环境。

④此句写『神仙安期生之属』曾云游县东爵溪一带地之历史传说。

⑤此句意含爵溪之地清淑高雅，海上明月一直悬挂在高高的玉树上。

⑥丹丘羽人结琼居：神仙之境有道士在那里建造了玉饰的殿宇。此指道士王一真『结屋其隈』创建道院，吕虚夷又『克拓其筑』扩大道院规模。丹丘，本是神话中的神仙之地，昼夜长明。羽人，即道士别称。琼居，用玉饰建造的居室，此指道院殿宇。

⑦谁道人间隔风雨：谁说人间与道院之间隔着风和雨？犹言二者紧密相联。

⑧三山：指海上蓬莱、瀛洲、方丈三座仙山。灭没：无影踪也无信息。金银台：传说中用金银构筑的华丽秀伟楼台，是神仙居住之所。

⑨此句意言：但是，大瀛海道院却听说仙人时常往来。

⑩此二句意言：因为见不到仙人，所以令白发道士吕虚夷也感到哀伤。

⑪此二句意言：为此只得再朝拜并且告诉西王母，吕虚夷本是上天谪降的凌云之才。王母，传说中的女神，居住在昆仑山瑶池里，园内植有蟠，食之可以长生不老。俗称『两王母』或『王母娘娘』。谪仙，系指天上谪降的仙人。此指道士吕虚夷。亦即诗题所称的『高士』。

（十）程端礼《送道士啬斋君序》

作者程端礼，见第二章第一节简介。

本文是一篇赠序，于至正元年（1341)为吕虚夷祷雨郡城有应而作。文中以与友人王舜宾问答方式，解释了吕氏之所以能够祷雨有应道理，实即高度评价了吕氏的道行和义举。读来让人感觉新异。现据网上流传文本，分段注释如下：

至正元年，浙东大旱，明郡尤甚[1]。二月至五月不雨，秧不得莳[2]，已莳随槁[3]，遍祷弗效[4]，公私忧惶[5]。郡守真定王公居敬谋于郡人[6]，礼延大瀛海宫主啬斋吕君至郡治祈祷[7]。吕登坛行事[8]，叱咤之顷，云离合若拥神物，雷电交作，大雨随至[9]。观者如堵[10]，且畏且喜。雨三日夜，四境沾足[11]，岁则太熟。郡士为歌诗以道[12]。

【注释】

①明郡：明州，当年庆元路之旧称。

②莳（shì）：移栽、栽种。

③槁：干枯。

④遍祷弗效：到处祈祷不见效果。

⑤公私忧惶：公家（官方）与私人（民间）都忧愁惶恐。

⑥郡守：庆元路总管府知事之旧称。真定：指郡守之籍贯，即当年真定路真定县（今河北正定县）人。王公居敬：王元恭，字居敬，任内号宁轩，至元六年（1340）以正议大夫总管庆元路。此职时曾修至正《四明续志》。（其时，同知为赵由松。）

⑦礼延：以礼聘请。宫主：道院住持之雅称。至郡治祈祷：前往郡城祈雨。

⑧登坛行事：登上祭坛呼风唤雨。

⑨叱咤之顷：狂呼顷刻。云离合若拥神物：危素《玄儒吕先生道行记》：『云起西北，状如天神执杖，……顷之大雨临江。』

⑩如堵：如墙。形容观看的人很多。

⑪沾足：雨水浸没人足。意为雨量很大。

⑫郡士：郡城为官之人。歌诗以道：赞颂吕氏的诗歌载道。危素《玄儒吕先生道行记》则称『路同知总管府事赵由松招之主福顺观，建大阁以奉四明洞天之神』。

余友王舜宾曰：『道家者流何以能执雨旸之柄？兹理之有无，吾未之知也①。』余曰②：『有也。此在《中庸》所谓「致中和，天地位焉，万物育也」者，是以，此谓圣神之能事、学者之极功③。使儒而有是学也，小而宰一邑，大而居变理之任④。随其所职与学力之所及，皆能致中和、位育之效，以弭灾于未形也⑤。故在三代盛时为真儒份内事也⑥。后世有其学者无其职，有其职者非此学，故水旱之既形⑦。道家者流因其为长生久视之学炼神气精以求合于道，积力之久，一旦扩身心之体用以应万众吁天之求，故天亦为之变灾为祥，故亦能致兹感应也⑧。其自私小智，虽未可遽以儒者之能事极功许之。然亦非平日无存养省察之实，而徒事符箓之所能致也⑨。余闻吕君早年所至有祷辄效，非独今日⑩。又尚省其私，戒行严谨，凡其斋醮必诚必敬⑪。礼物所入，秩积寸累，为四服福地宫兴建养众之用⑫。且于吾儒之有学、虽而未遇者咸馆谷焉⑬。经一二年无倦意，必尽力推荐，俾之得所乃已⑭。凡平日求以慊者，多类此⑮。非惟吾乡之黄冠师所罕及⑯。而今之章句，儒亦未能或之先也⑰。故感应于天人之际能若兹也⑱。』舜宾曰：『然。⑲』

【注释】

①这是友人王舜宾（其人无考）之问，意为：『道士们何以能够执掌下雨和日出的权柄？这个道理有没有，我未能知也。』道家者流，即『道流』，指道士们。雨，即下雨；旸，即日出。柄，即把柄，此作『权柄』解。兹，作『这』『这个』解。

②以下是程端礼对于此问的解答。他首先肯定有这个道理，接着以《中庸》里的说法详解之。

③《中庸》是儒家经典《礼记》中的一篇，作者孔伋（字子思，孔子之孙、孔鲤之子），

后代尊为『述圣』，是战国初期著名理学家、思想家。他在《中庸》里强调『诚』，认为『诚』是实现『中庸之道』的关键。『喜怒哀乐之未发，谓之中；发而皆中节，谓之和。中也者，天下之大本也；和也者，天下之达道也。致中和，天地位焉，万物育也。』此话见于《中庸》第一章。子思所述意言『圣神功化之极』。用今人的话来翻译：喜怒哀乐的情感没有表现出来的时候就叫作『中』，表现出来而符合度常理就叫作『和』。中，是天下一切情感和道理的根本；和，是天下一切事物的普通原则。达到了中的境界，天地便各就其位而运行不秘，万物就各得其所而生长繁育了。程端礼即以为这里的『圣神』能解释道士之所以『能执雨旸之柄』的道理。（且看他下文细说。）

④这是说：假使儒士而又有这种学问，小者可当一县之长，大者可担当变通事理之重任。

⑤这是说：这样的人，随他的职权和学力所及，都能达到中和的境界，而使天地各就其位，万物各得生长的效力，并且能够消弭灾害于成形之时。

⑥这是说：正因为如此，所以夏、商、周三代盛世之时真正的儒士都将『致中和』作为自己份内之事。

⑦这是说，到了后来虽有这种学问而无职权，有职权而不实行这种学问，所以水旱灾害得以形成。

⑧这是说：道士们因为有长生不老学问，修炼精气神的要求合乎『致中和』，积累功力很

久，一旦扩展身心之本体，用以适应众人呼吁上天下雨之要求，所以上天也为此变灾害为吉祥，所以也能达致而感应之。

⑨这是说：道士也有自私之心、知识狭隘，虽然不可突然以儒士所能做到的事和最高功力来应允众人的呼吁，然而他们却不是在平日没有存养省察的实践而凭空从事道家符咒书箓所能达致的。

⑩我听说吕道士从前所到之处，凡是祈祷总会见效，并非这次独有。

⑪又听说他常常反省自己的私心，而且斋戒严谨，凡是从事道事仪式都十分诚心和恭敬。

⑫他由此收入的礼金和物品，都一点一滴地积累起来，作为兴建四明洞天福地宫观(即『四明别馆』)供养众人之用。

⑬而且对于鄞县儒学中有学问、贫寒而没有机会深造的人都提供入馆食宿在这里学习。

⑭这些人经过一两年学习而没倦怠之意，则必然尽力推荐，使之得到应得之所方才作罢。

⑮因此，凡是平日有要求而满足的人，大多是这样。慊（qiè），作『满足』解。

⑯这是鄞县道士之师所很少做到的。黄冠，即道冠，因以称道士。

⑰而我写这些文字，儒士也未必能够做到或者首先做到。

⑱因此，吕道士所以能够感应天人之时，就是这个道理。

⑲这是王舜宾听了程端礼解答的应声，犹『原来如此』。

说明：此文中有些文句涉及《中庸》哲理，义理深奥，恕不详解，故只能就其大意而演绎。是否有当，敬请读者鉴别。

（十一）危素《题大瀛海道院》

作者危素，见第一章第三节后附读：危素《玄儒吕先生道行记》题解。其今存赠吕之诗六首，均见于《云林集》。《题大瀛海道院》为其一。

明州东海角，道院几年开？宝构通丹极①，琼林𬮱玉台②。
炼形长对竹③，遣兴独寻梅。羽驾乘云气，瑶坛拜斗魁④。
鸣箫朝引凤，飞檄夜鞭雷⑤。芝草灵苗润，珊瑚老树摧。
沧波驯白鸟，幽窟锁黄能⑥。水怪能言语，龙精自往来⑦。
仙家凌宇宙，弱水截蓬莱⑧。汉使游空返，秦皇不去回⑨。
青山褰翠色⑩，赤日涨黄埃⑪。望极苍茫外，羡门安在哉⑫？

【注释】

①宝构：道院建筑。丹极：犹『丹霄』，即太空。
②琼林：传说中的天宫。𬮱（bì）：关闭。玉台：传说中的瑶台。
③炼形：修炼中的形体，即道士。

④斗魁：北斗星。

⑤飞檄：急速发送的文书，此指道家书符。鞭雷：用鞭子驱赶雷电。比喻书符之功效。

⑥黄能（tái）：即『黄台』，黄道中的星名。

⑦此二句，系言道士王一真镇蛟之传说。

⑧弱水：因不能行舟船的浅水，如同『截止』通往蓬莱仙境之途。

⑨此二句，系言徐福东渡之事。

⑩褰（qiān）：揭起。

⑪黄埃：尘土。

⑫羡门：本指墓门，此指出世之门。

（十二）危素《秋日怀大瀛海吕尊师》

作者危素简介，同前。

这是一首七言古诗。大瀛海：『大瀛海道院』之省称。吕尊师：对吕虚夷的尊称，犹吕师父。本诗首联前句『去年君自信州回』，不知所指何年。因为据危素《玄儒吕先生道行记》，吕虚夷曾去过江西信州龙虎山两次：第一次是在危素『弱冠之年』，即元至治二年（1322），危氏『始识』；第二次是在『后四年，即泰定三年（1326），偕同危氏』

『徒步往见吴澄于抚州华盖山』。若指第一次，则本诗作于至治三年（1323）；若指第二次，则作于泰定四年（1327）。

去年君自信州回，斜日江亭送酒杯①。
犹记别时重有约②，秋深日日望君来③。
寄书已到三茅观④，四月君归定得看⑤。
楚水吴山一千里⑥，可无消息报平安⑦。

【注释】

①君：吕虚夷。斜日：午后。送酒杯：相互对饮。此指饯行。

②重有约：再三相约。

③秋深：八九月间。可知诗题之『秋日』，系指深秋时节，即写作本诗之时间。

④三茅观：见危素《玄儒吕先生道行记》注释。

⑤四月：指第二年四月。

⑥楚水：战国时期楚地江河。危素家在江西金溪县，旧属楚地，故有此谓。吴山：在杭州西湖东南，由宝丹、峨眉、紫阳、七宝、云居等山相连而成。三茅观即在此山。一千里：意为遥远。

⑦可无：却无。可，作『却』『可是』解。

（十三）危素《吕尊师画三茅观梅、藤为图，号曰『二老』。走笔赋之》

作者简介，同前。

这也是一首七言古诗。诗题可证吕虚夷善画。诗中有『谁持此画江西来』句，可知此《二老图》系由吕虚夷在江西龙虎山当面赠与危氏。

三茅观头老梅树，梅边更有长藤古。
谁持此画江西来？大瀛海中吕道士。
藤枯一似蛟龙悬，梅瘦饱受冰霜缠。
柯支不逐浮世换①，根柢直与扶桑连②。
传闻茅盈亲手植③，坐使草木皆成仙④。
宋朝渡江一百年⑤，世人不到吴山巅⑥。
岂知二物阅兴废⑦，及见渤海成桑田⑧。
战争揖让等黄土⑨，展卷血泪何涟涟⑩！

【注释】

①此句犹言：三茅观的枯藤与瘦梅茎枝不因世事变迁而更换。意为道观一守道家之本分。

柯支：茎枝。

②根柢（dǐ）：树根。扶桑：此作『神树』解。传说此树生长在东方日出之处，永生不老。三茅观的枯藤、瘦梅既与此树根柢相连，亦是『神树』，故吕虚夷称之为『二老』。

③茅盈：见危素《玄儒吕先生道行记》注释。

④坐使：遂使。坐，作副词『遂』解。

⑤一百年：系约数。南宋渡江后以临安（今杭州）为都城，先后历九帝，共一百五十三年。

⑥此句意为：南宋时，因吴山之东即为皇城，此山大部被作为禁山，故世人到不了山巅。

⑦岂知二物阅兴废：枯藤、瘦梅当知南宋所经历的世事兴亡。岂，作副词『当』解。

⑧渤海成桑田：即沧海桑田。

⑨战争揖让等黄土：指宋、元之际通过战争来改朝换代，如同尘土一般。揖让，本指作揖谦让，此指改朝换代。

⑩展卷血泪何涟涟：打开《二老图》，透过纸背所见到的是当年战争中是如何的血泪涟涟！

（十四）危素《答吕尊师香水珠》

作者简介，同前。

这是一首五言古体诗。香水珠：道士或僧人平时所用的一种念珠。因其『薰之麝脐

香』，故名。

野人头不巾①，旷荡礼数略②。破帽久无缨③，时遇大风落。得君香水珠，感此意不恶④。薰之麝脐香⑤，贯以青丝索⑥。细文疑玛瑙，润色映掌握⑦。颇烦番舶载⑧，亦费巧匠凿。整冠揖贵人⑨，使我不能乐。何当从君游⑩，高举谢城郭⑪。

【注释】

①野人：古指在四郊劳作的农人。后泛指隐居之士，亦称『野夫』。此为危素自称。头不巾：头上不戴儒生的帽巾。

②旷荡：性情旷达，度量宽宏。礼数略：礼节礼貌从略。

③缨：帽子上用于系在颈项下的带子。

④不恶：不坏。意为好事。

⑤麝脐香：即『麝香』。雄麝肚脐与生殖孔之间香腺的分泌物。因有一种特殊香气，故名。可入药或作香料。

⑥贯：即穿。青丝索：用无色蚕丝绞织成的丝线。

⑦掌握：手掌。

⑧番舶：在海上互市的中外船舶通称。原指外国商船，后也指中国往南洋贸易的船舶。此

句犹言，这种『香水珠』是舶来品。

⑨整冠：整理帽子。揖贵人：向贵人作揖。贵人：当指赠珠人吕虚夷。

⑩何当：何时。

⑪城廓：原指城墙内外。后亦指城市。此疑指吕虚夷赠珠之城，或即杭州。

（十五）危素《送吕尊师墨》

作者简介，同前。

这是一首七言绝句，语浅情深。

客窗学帖费秋灯①，流转尘沙空复情②。
尚有囊中残墨在③，今年分赠吕先生。

【注释】

①学帖：临摹书帖，即练习书法。

②流转：时光流转。尘沙：尘世。空复情：空自复念旧情。当是指危素思念与吕虚夷一起学帖的旧景。

③残墨：已经磨用过的好墨。

（十六）危素《送吕尊师》

作者简介，同前。

这是一首五言律诗。诗前有小序：『七月十有一日，寓馆暂移。是夜，梦家父有诗云：「移书别西舍，有梦到云林。树远风难至，窗虚月入深。生徒能夜读，朋友肯来寻。呼得邻家酒，孤斟慰客心。」明日，用此韵送吕尊师。』

越中开道观①，种竹已成林。远路诗篇积，离筵酒盏深②。

海潮三万里，月晕一千寻③。同是殊乡客④，何堪送别心⑤。

【注释】

①越中：当指浙江杭州一带。道观：指三茅观。

②离筵：送别的筵宴。酒盏深：酒杯里的酒水很满。

③月晕：月亮周围的光气。寻：长度单位，古代以八尺为一寻。

④殊乡客：异乡客。

⑤何堪：如何忍受。

（十七）佚名《孙道士》

《孙道士》一文，见于清乾隆倪象占《蓬山清话》卷之十二『话道院』，称这也是《瀛海纪言》『有所见者』之一。但作者无考，故以『佚名』署之。今据其文意，分层注释之。

里人有言孙道士者，不知何时人。居西乡①，善禁格术②。尝过驿亭，群坐者不为礼③。道士去里许，遗牧童竹枝曰④：『归当逐坐而笑者鞭之，即无不安汝鞭也⑤。』童试之果然，盖坐不能起⑥，已自朝及暮矣⑦。身形短小瘦陋，治怪临海，有老巫轻之⑧。孙方跣足索水贮篾篮中濯焉⑨。巫乃惊服。

【注释】

①里人：同一乡里之人，即象山同乡。居西乡：住在县西。旧称今西周、墙头及泗洲头三镇为西乡。可见孙道士是那里人，亦可见作者为其同乡。

②禁格术：用符咒禁制鬼神或行为不规之人，并使之定格的巫术。亦称『越方』之术。

③驿亭：古时供行旅游途歇息之凉亭。今墙头镇西沙岭顶凉亭，旧时即为驿亭。群坐者不为礼：结群其坐的人没有礼节礼貌。

④遗（wèi）：给予、赠送。竹枝：毛竹枝梢。

⑤此话意为：回去当着这些群坐而笑者逐一鞭打，即没有不安于你用竹鞭打的。

⑥盖坐不能起：这些人都只能坐着不能起来。盖，助词，用于句首发语，无义。

⑦已自朝及暮：停止着从白天到傍晚。已，作『停止』解。

⑧治怪临海：在今台州临海治理鬼怪。老巫轻之：有巫术的老人轻视他。

9 此句意言：孙道士于是赤着脚打水放在竹篮里洗涤。方：作『于是』解。跣（xiǎn）足，即赤脚。濯（zhuó），即洗涤。此指洗脚。

其初之得术也，以失路投宿主人①。主人寓之空室，室多怪。孙假枕焉，俄闻戈甲舒然②，有进谒者曰③：『我神也，俟君久，当携我去④。』而形迹可蹑⑤。因告主人曰：『是室不详。昔所见，当告我，为汝治之。』乃搜得古轴《天将像》及符诀书⑥，曰：『是已⑦。』携归，求其旨而用之，皆验⑧。

【注释】

①此二句意言：孙道士当初之所以得到法术，是因为迷路而投宿一户主人家里。失路，即迷路。

②孙假枕焉：孙道士假睡在这里。俄闻戈甲舒然：不久听到刀戈与盔甲舒舒作响。俄，作『不久』解。舒然，作『舒缓』解。

③进谒者：进来谒见的人。

④此语意为：我是神灵，等待你已经很久了，你应当携带我离开这里。俟（sì），作『等待』解。

⑤形迹可蹑（niè）：行为举止蹑手蹑脚。

⑥古轴《天将像》：古时留下的画有天将的画轴。符诀书：道家符咒口诀之书。

⑦是已：就是这个缘故。已，作『因由』『缘故』解。

⑧求其旨而用之：指孙道士深研这些『符诀书』的要领而应用之。皆验：都非常应验。这也许就是孙道士『得术』之始。

后以亵其符①，为神所击而死②。其子则假黎邱鬼试其父③，为新禁死④。

【注释】

①后以亵其符：后来孙道士因为玷污了他的符诀之书。亵（xiè），作『玷污』解。

②为神所击而死：被神灵击打而死。

③此句意言：孙道士的儿子则假冒不察真情的『黎丘丈人』试验他的父亲。黎邱鬼，出典于『黎丘丈人』。《吕氏春秋》有黎丘老人（丈人）被鬼所骗而杀死儿子的寓言。后用以比喻不察真情而犯错误的人。

④为新禁死：也被孙道士用禁咒术禁死。

（十八）佚名《朱半仙》

《朱半仙》一文，所见与《孙道士》同，作者亦为『佚名』。今据其文意，分层注释之。

朱半仙，邑之横埕人，名道备①。十余岁时得目疾，就医于某山庵老僧。不愈，忮欲死。僧曰：『吾相汝，殆可习术者②。』因教之星相舆卜③。僧盖响马而逃匿者也④。久之，术行而揣相尤奇验⑤。

【注释】

①由此可知：朱半仙原名道备，『半仙』乃其绰号，象山横埕村（今属泗洲头镇）人。

②此语意言：我看你的长相，也许可以学习法术。

③星相舆卜：即星相术与堪舆、占卜之术。星相术，系根据星象和人的长相占定人事吉凶。堪舆，即看风水。占卜，即卜卦。

④响马：古代拦路抢劫者之谓。因行动时一般都放响箭而得名。

⑤揣相：揣摩人的骨相以卜定其善恶吉凶之术。

求卜者，闻声即知其休咎①，亦即以揣骨法断其寿夭②，穷通③。虽多人混叩④，士农工贾⑤，易称而试不误也⑥。台人尤信之⑦，数百里踵至，户屦常满⑧，得一言归，禳之⑨。或门户、坟墓之利病。言之凿凿如见。故名甚噪⑩，皆呼为『朱半仙』也。

【注释】

①闻声即知其休咎：听到求卜者的声音就知道他的善恶吉凶。休咎，指善恶、吉凶。

②以揣骨法断其寿夭：揣摸求卜者的骨相断定其长寿或短命。

③穷通：详尽通达。

④多人混叩：许多人混杂在一起叩求。

⑤士农工贾：读书人（士）、务农者（农）、务工者（工）、经商者（贾）之合称。

⑥易称而试不误：这些人互换称呼而试探『朱半仙』，他也不会搞错。

⑦台人：台州人。

⑧户屦（jù）常满：门口鞋子常常满地。形容求卜者众多。

⑨禳（ráng）之：本指除邪消灾祭祀活动。此作『除祸』解。

⑩名甚噪（zào）：名声非常大。

说明：此文道光县志及民国县志等均摘其要，为立《朱道备传》。

后记

考读《大瀛海道院记》元明两碑，原以为比之于此前由宁波出版社出版的拙著《唐明州象山县蓬莱观碑铭并叙考释》一书可以省事许多。因为元刻残碑尚存、明重刻碑拓完整、旧传文本又无缺失字句情况，毋需在字句考补方面花多少工夫。但是，实施起来却并不容易。因为既要查明两碑的刻立背景和经世历程，评析碑版书迹书体，又要诠解碑文义理和附考《瀛海纪言》，都涉及道教历史知识、石碑工艺技法、书法基本理论以及诸多文史知识。而这些于我而言，很多方面都得从头学起，所以断断续续，差不多用了一年时间，至2013年7月方成初稿。

这以后，本欲即行修改定稿。后来因为要查找元刻残碑的早前旧传碑拓，以期更多地见读书法名家赵孟頫的碑版书迹，更全地显示此一名碑的历史原貌。为此，分别与北京鲁迅博物馆、浙江图书馆等单位联系。不意，这却是件难事，只能翘首以待。好在一年后，爵溪籍北京大学老教授林被甸先生回乡，得到了他的热情支持，才从北大图书馆查到了缪荃孙、张仁蠡旧藏的清末民初两张碑拓影印件。后来，又于2015年2月，从『浙图』古籍部见读了陈汉章先生旧藏的一张碑拓。其间，还在杭州图书馆发现了危素所撰的《玄儒品先生道行记》一文，以及他早期赠与吕虚夷的六首诗，对于研究吕道士的生平事略很有参考价值。

但是，也在这两年内，我却因为忙于其他编务，特别是后来又专注于查考并撰著《顾田『怀南田诗』校读》一书，一直未能着手修改《〈大瀛海道院记〉元明两碑考读》初稿。

然而，消息不胫而走。就在这一拖再拖期间，外地有些金石学专家以及县内外文史同好时而来电话询问此稿的修改进度。有些现任县级领导和有关部门负责同志也十分关心此稿的定稿付印。爵溪街道更有一批民间人士则在盼望此本书出版，以便参照仿刻《大瀛海道院记》新碑。

这让我很是感动，所以在《顾田『怀南田诗』校读》付印后，遂动手修改本书初稿。不过，『时隔三秋』，再来修改，着实有点犯难。不仅要补充资料，而且还得调整视角，有些章节甚至要重写，有的附件要重新选择与设计。所以，又用了半年多时间，终于日前定稿。

经过此前考释《蓬莱观碑》，这次又考读《大瀛海道院记》元明两碑，我对传统的碑碣文化增进了新的认识。一如有些金石学家所言，古代碑碣是我国独有的历史文化载体，更是研究人文历史和多种文化现象的最原始也最有力的证据。或说它是中华民族传统文明

“最硬的证据”“永远的灵光”。

据我所知，象山历史上遗存的古碑也不少。只惜长期来无人问津。有的被弃之于角落，沉睡至今，未能展观其“永远的灵光”；有的则间或毁于人为，与我们失之交臂。这种状况不能再持续下去了。当前，我们正在建设海洋文化大县，深入发掘、整理、研究带“海”字的历史文化遗存，已是当务之急。而以“大瀛海”冠名的道院和元明两碑，在国内恐怕并不多见。因而，还要重温清乾隆进士、经史学家姜炳璋先生的那一联绝唱：“煌煌史册著千秋，海邑谁将遗事搜？”进一步树立文化自信，自觉地承担起搜集“海邑遗事”的历史责任。

2017年5月于三读斋